# 持続可能な社会をつくる
# 生活経営学

(一社)日本家政学会生活経営学部会 編

朝倉書店

## 執　筆　者

| | | |
|---|---|---|
| 久 保 桂 子* | 和洋女子大学特任教授 | （序章，8.1） |
| 松 村 祥 子 | 放送大学名誉教授 | （1.1） |
| 上 村 協 子 | 東京家政学院大学教授 | （1.2） |
| 斎 藤 悦 子* | お茶の水女子大学教授 | （第2章） |
| 大 泉 伊奈美 | 飯田女子短期大学教授 | （3.1） |
| 佐 藤 裕紀子* | 茨城大学教授 | （3.2） |
| 岡 部 千 鶴 | 徳島文理大学教授 | （4.1） |
| 小野瀬 裕 子 | 宇都宮大学非常勤講師 | （4.2-4.4） |
| 粕 谷 美砂子* | 昭和女子大学教授 | （5.1，11.3） |
| 嶋 崎 東 子 | 旭川大学准教授 | （5.2） |
| 中 山 節 子 | 千葉大学准教授 | （6.1） |
| 鄭　 暁 静 | 信州大学助教 | （6.2） |
| 天 野 晴 子* | 日本女子大学教授 | （7.1，16.3-16.4） |
| 大 藪 千 穂 | 岐阜大学教授 | （7.2） |
| 平 野 順 子 | 東京家政大学准教授 | （8.2） |
| 重 川 純 子* | 埼玉大学教授 | （9.1，第10章） |
| 山 本 咲 子 | 東京家政大学非常勤講師 | （9.2） |
| 森 田 美 佐 | 高知大学教授 | （11.1-11.2） |
| 伊 藤　 純* | 昭和女子大学教授 | （12.1-12.2，13.2） |
| 福 田 豊 子 | 頌栄短期大学専任講師 | （12.3） |
| 角 間 陽 子 | 福島大学教授 | （13.1） |
| 吉 田 仁 美 | 日本大学准教授 | （13.3） |
| 鎌 田 浩 子 | 北海道教育大学教授 | （14.1） |
| 神 山 久 美 | 山梨大学教授 | （14.2） |
| 宮 川 有 希 | 東京家政学院大学非常勤講師 | （15.1） |
| 大 本 久美子 | 大阪教育大学教授 | （15.2） |
| 大 風　 薫 | お茶の水女子大学准教授 | （16.1-16.2） |

*編集委員　　　（執筆順，（ ）内は執筆箇所）

# は じ め に

　われわれは生活をどのように営んでいるだろうか．そして，自分自身，あるいは自分自身に限らず，人々の生活を取りまく環境にどのような問題を感じているだろうか．本書は，生活経営学におけるこれまでの研究の蓄積をもとに，現代の生活の営みを分析し，これからの生活を展望することをめざしている．

　生活経営学では，生活上の諸問題に対し，個人や家庭，社会や環境，また，その相互的な関わりからアプローチしている．具体的には，生活設計，家計，生活時間，家事労働，消費者問題，生活保障，さらにジェンダーにかかわる問題など，広範な生活問題に取り組んでいる．近年の本部会のセミナーでは，とくに，格差や貧困，社会的排除や孤立などについて，生活困窮者を生み出す社会の構造とともに，困窮者への生活支援の方策や支援の活動を取りあげてきた．持続可能な社会に向けての生活像や，地域の生活支援とネットワークの創造など，社会や環境と関わる生活の課題も取りあげてきた．生活経営学部会のこうした問題意識は，世界の共通課題である貧困，飢餓の撲滅，ジェンダー平等の実現，ディーセント・ワークの促進，不平等の是正，平和と公正など，持続可能な社会の実現と強く結びついている．本書は，これからの生活の重要な目標は，持続可能な社会の実現を目指すことであると考え，全体を貫くキーワードとした．

　本書の構成は，序章で暮らしを考える基本的な視点であるリスクと生活資源，持続可能性などの意味を確認し，第1部では生活と生活経営の方法について論述した．第2部では，家族を中心に生活の組織や地域社会の取組みの現状とととともに，家族に関連する法律について取りあげている．第3部では，生活時間，家計，人間関係，生活行為・活動，生活手段などの視点から，生活の実態を確認するとともに，生活をとらえる手法を取りあげ，Let's try として学習課題を紹介している．さらに第4部では，職業労働，家事労働，生活保障・福祉，消費・環境，生活設計などについて，実態とともにこれからの生活の展望を示している．

　（一社）日本家政学会生活経営学部会は，部会創立10周年には『「日本型福祉社会」と家庭経営学』，20周年には『21世紀のライフスタイル』，25周年には『転換期の家族』（翻訳書），30周年には『福祉環境と生活経営』，そして40周年

には『暮らしをつくりかえる生活経営力』を刊行してきた．50周年の本書は，生活経営学の視点と，生活をとらえる手法などを基礎に据え，大学の生活経営学関係の授業で広く教科書として使える書籍とした．なお，家庭科の教員免許用科目の「家庭経営学（家族関係学及び家庭経済学を含む.）」のテキストとして活用されることも想定し，本書は家族関係や生活経済にかかわる内容を包含している．さらに，社会福祉士，介護福祉士，精神保健福祉士，保育士といった生活支援を行う専門職の養成が行われている福祉系大学・専門学校などにおいても，生活を全体的にとらえ，生活経営の主体形成を支援するという視点から，生活経営の理論と方法を体系的に学べる教科書として活用できる内容になっている．また，近年注目されてきているキャリア教育においても，本書は若者の社会的・職業的自立という側面のみならず，生活者としての自立を促していく上で有用な理論と方法を提供している．

　生活経営学は，研究方法としては，経済学，社会政策学，社会学，生活学などの隣接科学の成果や方法から学びつつ，家政学の一領域として生活を学際的に研究することを特徴としている．本部会のこれまでの活動の成果である本書を通じて，生活を考える多くの人々に現在の生活についての理解を深めていただければ幸いである．

　最後になったが，本書を刊行する機会をくださり，根気強く編集事務をご担当くださった朝倉書店編集部の方々に心より感謝申し上げる．

　2020年8月

（一社）日本家政学会生活経営学部会<br>
50周年記念出版編集委員会

凡例<br>
①障害，障がいの表記については，引用元の表記や，引用した団体の表記等にしたがい，障害，障がいとも使用する．<br>
②引用文献の著者名の漢字表記については，後年に字体を変更した著者もいるが，本書ではその当時の出版物に記された漢字を用いた．

# 目　　次

## 第3部　生活をとらえる

## 第4部　これからの時代を生きる

# 序章　今日の生活経営

## 0.1　生活経営・生活経営学とは

　生活経営とは，生活を総合的にマネジメントすることであり，生活に必要な資源の管理，生活組織の人間関係の調整，さらに生活組織と地域や市場，環境とのインターフェイスにおける交渉や調整などを行うことである．Goldsmith（2013, p.10）や重川（2016）によれば，生活経営は，生活の目標や欲求，生活上の問題，生活の価値，生活資源，さらに目標達成のための計画・実行・評価などのプロセスを含んでいる（詳しくは第2章参照）．こうした生活経営のありようを研究対象とした学問が生活経営学である．

　生活経営は社会のあり方と深く関わるものであり，これからの生活経営は，画一的な，物質的豊かさに価値を置く生活像を脱して，多様性のある，しかも持続可能性のある生活像を形成していくという方向であるとされる．そして，多様化しつつも共通に必要な条件は，個人の生涯にわたるリスクに対する基本的な保障があることとされる（宮本，2010）．確かに，人々は，常に失業，貧困，病気，事故，さらに災害や感染症の流行などのさまざまなリスク（危害，苦痛，危険または損失の生じる可能性）[1] に晒されながら生きており，こうしたリスクに対する保障が生活資源として提供され，その資源を生活者が活用できることが必要である．そして，持続可能性のある生活像は，今日の地球的規模での喫緊の生活目標となっている．長期的な視点をもち，個別の利害を超えて将来世代をも含んだ世代間の価値の調整を行い，生命と自然を守る生活経営の営みは，持続可能性を実現させていく過程であるとされる（工藤，2010）．現代の生活者は，自らの生活が地球的規模で現在はもちろん将来の世代に影響を与えることを自覚することが求められている．

## ▌▌0.2　生活経営に求められる視点

### 0.2.1　生活のリスクと生活資源

生活の安全・安心を願いながらも，さまざまなリスクに晒されたり，必要な生活資源を利用できなかったりして，生活困窮に陥ってしまう場合がある．遭遇する問題の具体例を家計相談支援事業の相談者の事例から取りあげ，それに対する支援策から生活資源を検討する．

事例は，子どもが2人いる母子世帯である．上の子は小学校高学年で学習障害があり，下の子は保育園児である．夫とは離婚している．元夫がギャンブルで借金をつくり，自己破産したことがおもな離婚原因であり，この母親にも元夫のつくった借金（債務）の一部の返済が残っている．母親の両親はもともとこの結婚に反対しており，親子断絶の状態である．母親は会社とのトラブルで仕事を退職しており，蓄えもなくなった．手元には2万円が残っているだけで，ご飯と味噌汁，ふりかけで何とか食いつないでいるという事例である（久保・齊藤，2017）．

図0.1は，相談者への生活支援のあり方を検討した生活経営学部会のグループワークの内容である．支援策の第1段階は，生活の実態の把握（家計診断）から始まる．このケースでは家計の実態把握，借金への対応である．第2段階では，使える福祉制度についての検討を行う．第3段階以降は緊急性で入れ替わることもあるが，このケースでは緊急性に応じてまず，食の支援とした．第4段階は，母親の生活を立て直す意欲を高めることが重要であると考え，精神面の課題への支援と，母親の両親との関係の再構築とした．第5段階は収入の確保のために，母親の就労支援とし，第6段階は子どもの福祉とした．第7段階は，上の子に対する支援を中心に考えた，子どもの学習支援である．自治体の生活困難世帯に対する学習支援事業などを活用することとした．第8段階は，家計改善の再検討である．この段階で見通しを立てることで，第8段階から第1段階やその他の段階に戻って，循環的に支援を行う必要がある．そして，周辺的な問題として第9，第10段階があり，元夫の問題への支援と，ネットワークと近隣からの援助がそれにあたる．

この支援策から，生活困窮状態から抜け出すために必要な生活資源を考える．社会の側には，家計診断の援助，福祉制度，生活資金の貸付，食の支援，精神的な支援，就労支援，子どもの生活・学習支援など，生活全般にわたる資源の提供

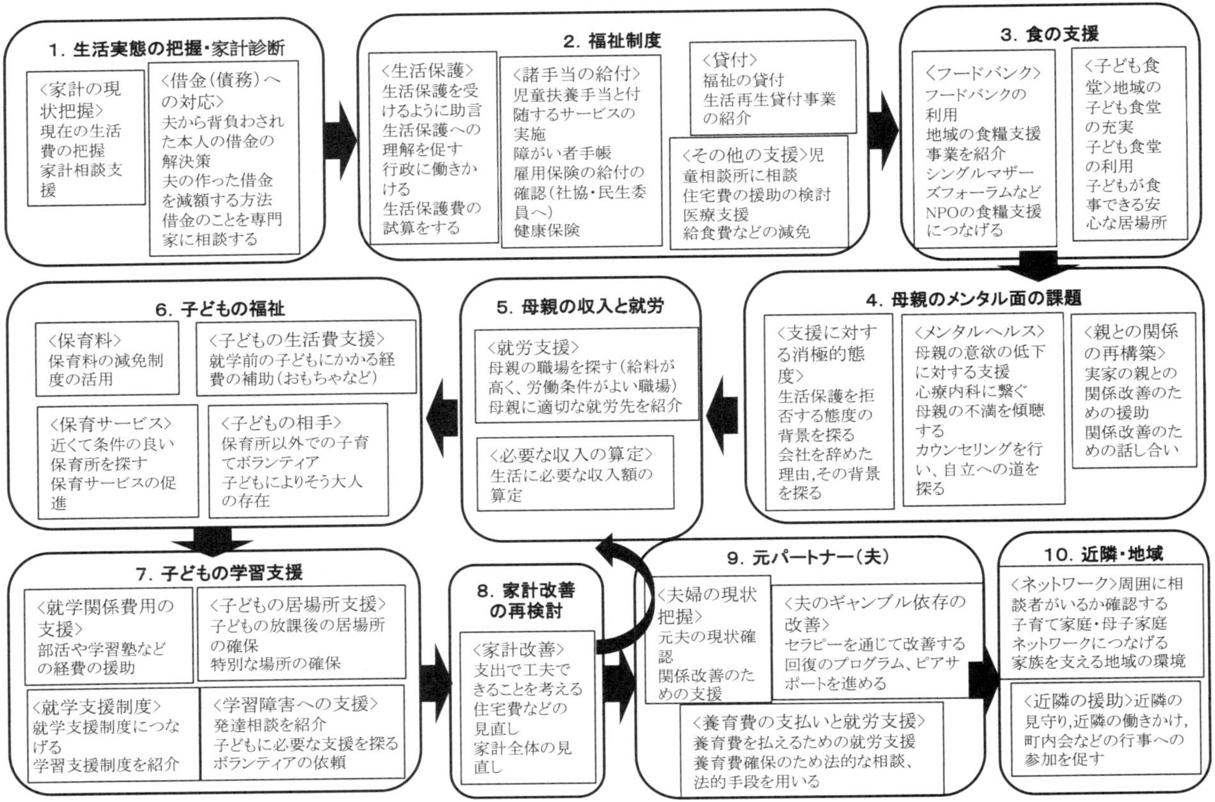

注：グループ協議は，大淵博美，Kskin Oksona，久保祥子，齊藤ゆか，長谷育子，松村祥子，行岡みち子（50音順）の7名で実施した。

図 0.1 事例からみる包括的生活支援のあり方（久保・齊藤，2017，p.11）

が必要である．困窮する個人の側には，家計管理能力，社会福祉や支援制度についての情報収集力，社会からの支援を積極的に活用する力，家族関係や人間関係を回復する力など，資源を積極的に取り込む能力（人的資源），意識が必要である．このように，生活困窮の状態を解決するためには，生活の内部的条件と外部的条件（第1章参照）を有機的に結びつけなければならない．そしてその解決の過程で，生活困窮者は生活者としての誇りと自信を取り戻し，生活の基盤を再生することができる．

### 0.2.2　持続可能性のある生活像

　持続可能性のある生活像は，まさに 2015 年の国連サミットで採択されたSDGs（持続可能な開発目標，Sustainable Development Goals）に示されている．SDGs は，図 0.2 に示されるように，2030 年までに達成すべき 17 の目標と，その下位目標である 169 のターゲットで構成され，「誰一人取り残さない（no one left behind）」社会をめざして，経済・社会・環境をめぐる広範な課題に取り組むことを目標としている．そして，17 の目標は，表 0.1 のように人間（People），豊かさ・繁栄（Prosperity），地球（Planet），平和（Peace），パートナーシップ（Partnership）の 5 つの P でとらえられる（国際連合広報センター）．また，17 の目標は相互に関連している．例えば，安全な水や食料の確保は砂漠化や土地の劣化の阻止と関連しており，不可分のものである．

　地球は人間に自然の豊かな恵みをもたらすと同時に，地震や洪水などの自然災

**図 0.2**　持続可能な開発目標のロゴ（国際連合広報センター）

表 0.1 5つのPと17の目標一覧（国際連合広報センター）

●人間 （People）

Goal 1 あらゆる場所のあらゆる形態の貧困を終わらせる

Goal 2 飢餓を終わらせ，食料安全保障及び栄養改善を実現し，持続可能な農業を促進する

Goal 3 あらゆる年齢の全ての人々の健康的な生活を確保し，福祉を促進する

Goal 4 全ての人に包摂的かつ公正な質の高い教育を確保し，生涯学習の機会を促進する

Goal 5 ジェンダー平等を達成し，全ての女性及び女児の能力強化を行う

Goal 6 全ての人々の水と衛生の利用可能性と持続可能な管理を確保する

●豊かさ・繁栄 （Prosperity）

Goal 7 全ての人々の，安価かつ信頼できる持続可能な近代的エネルギーへのアクセスを確保する

Goal 8 包摂的かつ持続可能な経済成長及び全ての人々の完全かつ生産的な雇用と働きがいのある人間らしい雇用（ディーセント・ワーク）を促進する

Goal 9 強靱（レジリエント）なインフラ構築，包摂的かつ持続可能な産業化の促進及びイノベーションの推進を図る

Goal 10 各国内及び各国間の不平等を是正する

Goal 11 包摂的で安全かつ強靱（レジリエント）で持続可能な都市及び人間居住を実現する

●地球 （Planet）

Goal 12 持続可能な生産消費形態を確保する

Goal 13 気候変動及びその影響を軽減するための緊急対策を講じる

Goal 14 持続可能な開発のために海洋・海洋資源を保全し，持続可能な形で利用する

Goal 15 陸域生態系の保護，回復，持続可能な利用の推進，持続可能な森林の経営，砂漠化への対処，並びに土地の劣化の阻止・回復及び生物多様性の損失を阻止する

●平和 （Peace）

Goal 16 持続可能な開発のための平和で包摂的な社会を促進し，全ての人々に司法へのアクセスを提供し，あらゆるレベルにおいて効果的で説明責任のある包摂的な制度を構築する

●パートナーシップ （Partnership）

Goal 17 持続可能な開発のための実施手段を強化し，グローバル・パートナーシップを活性化する

害をもたらし，さまざまな疾患の原因となる病原体も保有している．人間は時には命の危険にさらされたり，経済的な損失を被ったりもする．持続可能な生活のためには地球のもつ力を理解しながら，地球の多様な営みと共存する道を歩むことが重要である．そして，現在起きている生活の諸問題の多くは国境を超えた問題であり，解決のためには地球上のすべての人々が協力し助け合う必要がある．

### 0.2.3 多様性の尊重

現代の生活組織の形態は多様であり，共同生活を営むカップルの関係も多様である．とくに，LGBT（第3章参照）に代表される多様な性のあり方への理解も広がり，あるべき家族像や生活形態を追求することよりも，一人ひとりが自分ら

しく生きることができる生活のあり方が尊重されるようになりつつある.

　さらに暮らし方においては，未婚化・晩婚化，そして少子高齢化が私たちの予想をはるかに超える勢いで進行し，あらゆる年代層で単身世帯が増加している. その一方で，家族を超えた共同の暮らしも広がっており，さまざまな暮らし方に合わせた多様な生活支援が必要となっている. 〔久保桂子〕

## 注

1) Goldsmith（2013, p.4）は，リスクを危害（harm），苦痛（suffering），危険（danger）または損失（loss）の可能性と説明している. なお，一般には広く，「危険」という意味で使われることも多い. 本書でもそうした多義的な用語として「リスク」を用いる.

## 文　　献

Goldsmith, E. B.（2013）"*Resource Management for Individuals and Families*", Pearson

国際連合広報センター「2030 アジェンダ」https://www.unic.or.jp/activities/economic_social_development/sustainable_development/2030agenda/（2019 年 8 月 20 日閲覧）

久保桂子・齊藤ゆか（2017）「事例からみる包括的生活支援のあり方—生活困窮者への家計相談事業を中心に—」『生活経営学研究』No.52, 10-13

工藤由貴子（2010）「生活経営—新しい価値・規範の創造へ—」（社）日本家政学会生活経営学部会編『暮らしをつくりかえる生活経営力』p.13, 朝倉書店

宮本みち子（2010）「生活経営がとらえる現代生活の枠組み」（社）日本家政学会生活経営学部会編『暮らしをつくりかえる生活経営力』p.5, 朝倉書店

重川純子（2016）『生活経済学』p.13, 放送大学教育振興会

# 第1章　生活とは何か

## 1.1　生活の枠組み

　本節では，生活はどのように実現されるか（生活の実現過程），生活を取りまく条件（生活の枠組み）および個人の生活形成と社会の生活様式について述べる．

### 1.1.1　生活は，生活欲求の充足過程である

　生活の基底にある生活欲求は，生物的欲求（生存，成長，安全），社会的欲求（承認，貢献，支配），文化的欲求（個性，評価）など，多くの種類と水準がある．生活欲求はそれぞれの人が置かれた生活環境の中で発生し，その充足のしかたもさまざまである．

　しかし，生活欲求の充足過程には，図1.1に示されるような共通する要件があ

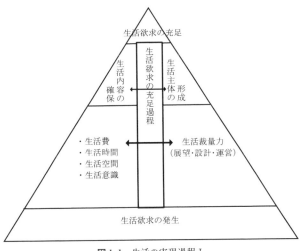

**図1.1　生活の実現過程Ⅰ**

る．生活欲求が最適な形態と水準のモノ・サービスに瞬時に出会い，即座に生活形成に繋がることは稀である．多くの場合は，その人の置かれた生活状況（生活費，生活時間，生活空間，生活意識など）に影響されるし，生活裁量力（展望，設計，運営）に左右されて，充足の度合いが違ってくる．生活欲求の充足過程では，結果として，「生活内容の確保」と同時に「生活主体の形成」がなされ，生活が実現するのである．

　図1.2は，生活欲求の発生から充足にいたるまでに出現する生活活動とそれを取りまく状況である．生活のためのモノ・サービスには，自然に存在する空気のように誰でも自由に使用できるモノ（自由財）と一定の条件の下でのみ利用できる経済的価値のつけられたモノ（経済財）があり，直接消費者の欲求を満たすモノは消費財といわれる．現代生活においては，生活するためのモノ・サービスは商品（消費財）化されていることが多いが，商品市場などから何を選び（あるいは選ばず），どのような経路で入手・加工・配置するかによって，生活欲求充足の質量は大きく異なる．現在の多様化する生活の中で，どのようなかたちが望ましいかを一般化することは難しいが，常に生活過程を視野に入れた生活活動の選択・実施が必要である．生活は，"生活欲求の充足を図る"だけでなく，"生活欲求の充足過程である"という観点から生活をとらえることは，生活理解上の混乱

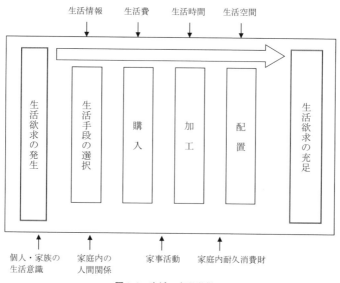

**図1.2　生活の実現過程Ⅱ**

や生活問題への誤った対応を是正する第一歩となるだろう．

### 1.1.2　生活は，生活の枠組みの中で形成される

#### a.　生活を規定する内部的条件と外部的条件

　現代生活においては，社会的生産過程で，生活に必要なモノ・サービスの生産・販売・提供が進んでいる．各種の生活調査研究でも実証されているように，商品市場からのモノ・サービスの購入・利用が増大し，社会保険・社会福祉との関わりも密接になり，地域における生活共同施設の重要度は増している．

　他方，個人・家族の生活過程での生産活動は減少し，消費活動が大きな比重を占めている．ここで留意すべきことは，商品としてのモノ・サービスの多彩さや膨大さに比べて，それを選び，購入し，生活を形成していく方法が画一的で受動的なものになっているのではないかという点である．

　生活欲求が最適なかたちで充足されるためには，現代生活のしくみの中で，個人や家族は与えられた生活条件に飲み込まれず，能動的に生活を整えていくことが必要である．そのためには，現代生活を取りまく枠組みが総合的に理解されなければならないだろう．

　図1.3に示されるように，現代生活は大別すると，生活の内部的条件と外部的条件に規定されている．中央の生活者（生活主体）の周りには8つの条件が配置できる．円の下半分は生活の内部的条件であり，上半分は生活の外部的条件である．

　ここで内部というのは，生活者（生活主体）が主として生活の拠点にしている家庭生活の内側であり，取り込まれたモノ・サービスに関する裁量権はそこに所属する個人・家族にある．内部的条件としては，家事活動，家庭内耐久消費財，個人・家族の生活意識および家庭内人間関係がある．

　外部というのは，家庭生活の外側にあるが，生活形成に密接な関係をもつ条件である．ここでは生活者（生活主体）は，基本的には社会的に決められたルールの下で生活に必要なモノ・サービスを選択・入手・利用することになる．異議の申し立てや購入・利用の拒否などはできるが，小さな裁量権しかない．外部的条件としては，生活共同施設・ネットワーク，社会保険・社会福祉，商品市場および労働市場がある．

　現代生活の大きな特色は，生活形成が内部的条件より外部的条件に規定される傾向が強まっていることである．内部的条件が相対的に弱まっていることは，家

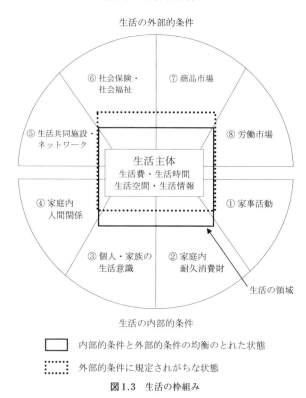

図1.3　生活の枠組み

族の規模縮小・形態の多様化が進む中で，個人・家族の生活意識の個人化，家事活動の減少，耐久消費財の個別化および家庭内人間関係の希薄化・共依存化などからもうかがえる．他方，外部的条件としては，国際化も含めた経済構造の変化による商品市場からのモノ・サービスの膨大な供給，人口構造の急激な変化への対応が迫られる社会保険・社会福祉の拡大および都市化に伴う生活共同施設への需要が高まっている．ただ，労働市場においては，失業率上昇や非正規雇用の増加等労働環境の悪化に伴う収入減だけでなく，社宅，社員旅行，社員食堂などの生活サービスも縮小している．

### b.　生活の枠組みの中で実施される生活活動

　生活の枠組みの中で，生活者（生活主体）は個人・家族の生活を実現するためにさまざまな生活活動を実施している．それらは，生活基盤的活動（食べる，健康を維持する，着る，住む），生活創造的活動（遊ぶ，育つ，知る，交際する）および家事活動（購入，料理，洗濯，掃除，育児，介護，家計および生活設計）

などである.

　なかでも，家事活動は，すべての生活活動の土台となっている. 高度経済成長期以降，生活の社会化が進み，家事活動時間は減少傾向にあるが，あらゆる世代の生活不安が拡大する中で，生活の枠組みの変化をふまえた新たな家事活動への期待が高まっている.

　これまで積み重ねられてきた従来型の家事活動の改善に加えて，生活の内部的条件と外部的条件を整序化する中で検討することも必要であろう. 整序化の方向としては，第一に，生活の内部的条件と外部的条件の関係性を検討する. たとえば，保育所や介護施設の画一化・効率化の弊害に対抗できるリテラシーとしての家事力が家庭にあれば，社会サービスの質量が保たれるなどである. 第二に，生活の内部的条件間の関係性を検討する. 生活欲求の多様化と家事活動のミスマッチによる家事活動への評価が低下している中で，老若男女が気軽に楽しく家事活動の担い手となることを促す新しい耐久消費財や情報サービス等を開発・導入するなどである. 第三に，生活の外部的条件間の関係性を検討する. 商品市場からの私保険や民間福祉サービスが増大する中で，公的な社会保険・社会福祉の質量が低下している. とくに所得格差，地域差，性差，年代差の引き起こす生活課題を解消するための商品市場と公的施策の調整と立て直しが必要である.

　上記は例示的なものであるが，今後の研究において，内部的条件と外部的条件の整序化の方向からの調査研究が進むことによって，複雑化して見えにくい現代生活の諸課題を解決する途が拓けるに違いない.

### 1.1.3　個人・家族の生活形成と社会の生活様式

　個人・家族の生活活動は多くの場合，一過性ではなく，繰り返される. 生活活動の反復は無意識（習慣）にも意識的（展望，経営）にも行われるが，この反復によって安定した生活形成を促される場合もあるし，不安定化を促進することもある. 従来の多くの生活研究でも指摘されているように，社会の変動に流されない生活の自律性は，生活活動の繰り返しの中でつくられる生活過程の固有性から生み出されるものである.

　高度経済成長期以降，生活の主体性・個性の低下が危惧されているが，それは同時に，生活を取りまく自然的，社会的，文化的環境の劣化にも繋がっている. 個人・家族の生活形成が広がり，社会で共有される生活様式が確立することによって新たな生活環境がつくられる. 人間の力でコントロールできると過信してき

た自然の驚異が世界中の人々の生活を脅かし，経済・社会システムの転換が迫られている現在，生活活動の点検，修正，再評価が喫緊の課題となっている．

　持続可能な生活様式は，個人・家族の生活活動の自律性の回復によって実現するが，そのためには生活の実現過程と生活の枠組みをふまえた総合的な点検が不可欠である．
　　　　　　　　　　　　　　　　　　　　　　　　　　　　　〔松村祥子〕

## 1.2　生　活　の　変　化

　人は，ある時，ある場所に誕生し，それぞれの人生を生き，ある時，ある場所で死亡する．本節では出生から死亡まで続く，生涯という時間的・空間的に限られた固有名詞のプロセスを生きる生活者の視点から生活の変化をとらえる．

### 1.2.1　生活者とは
#### a.　生活の変化をつくる生活者

　生活者とは誰か．生活主体とは「生活を科学的に認識し，生活の目標・課題・問題を設定・発見・解決する意識的積極的な取り組みを実践する個人」（伊藤，1989，p.181）である．また，「生活者」とは，自分でできることは自分で，できないことは隣り合って生きる他者との協同行為によって，それぞれの時代の支配的な価値から自律的な，いいかえれば「対抗的」（オルターナティブ）な「生活」を共につくろうとする個人（天野，1996，p.14）とされる．すなわち生活者・生活主体とは，生活の変化を所与（与えられたもの）として受け入れるのではなく，生活の全体性を把握し，当事者の視点から，持続可能な社会に向けて生活とその変化をつくる生活環境の醸成者といえる．

　近代以前，暮らしは自然の循環のなかに位置づけられてきた．「暮らす」はもともと「日が暮れて暗くなるまで時間を過ごす」意に用いられてきた．身近な世間という限定された生活空間で，図1.3にあるように生活の内部的条件を整え，① 家事活動，② 家庭内耐久消費財で生活欲求を満たしてきた．

　戦後の高度経済成長期，生活圏は拡大し都会へ人口が集中し，大量生産された商品を大量消費・大量廃棄につなぐパターンが確立した．食べる・着る・住まう・育てる・知るなどの日常的行為においても，画一的商品化と消費主義が浸透した．高度経済成長期後も，水筒に入れて持ち歩いていた水は，ペットボトルにつめて消費財として販売され，消費者がお金（国家通貨）を用いて購入してのど

の渇きを癒す商品になった．人間は「商品市場の消費者」と「労働市場での労働者」など細切れに分業化・分断され，生活費は膨張し，また貯蓄や投資の増加に伴い金融市場は拡大し，図1.3の⑦商品市場，⑧労働市場，さらには金融市場の外部的条件に生活は大きく規定されるようになった．

### b.　自己情報と社会的想像力

　生活者が組織と折り合って自分らしく生きるためのアイデンティティに注目してみよう．図1.4に示した個人人格と組織人格は，社会の中で，家族の一員として，消費者として，職業人として，サークルのメンバーとして，など複数の役割を担いながら生活する個人を表している（御船，2001，p.8）．

　「自己情報」とは，自分自身による・自分自身のための・自分自身についての生活情報である．健康診断や家計診断など生活診断は自分の体調や経済状況の科学的自己情報である．経験・体験は自分の感性や自己情報として蓄積される．生活の変化が激しい時代こそ，ノーマルなリズムで家事活動を行い，当たり前の日常生活を営み，時間・自己情報・アイデンティティという資源を核に，生活の内部的・外部的条件を点検調整し，多様な経験を蓄積することが有効である．

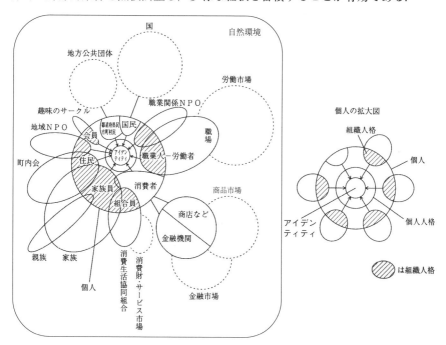

図1.4　個人人格と組織人格（御船（2001），p.8に加筆修正）

同時に，他者の生活についての社会的想像力（白波瀬，2010，p.210）と，他者と共生し持続可能な社会をつくる社会的創造力という，2 つの「そうぞう力」をもとに，自己情報と折り合いをつけて生活し，選択の自己決定により固有名詞の人生の主役となる生活主体が生活者である．

### 1.2.2　グローバル化とパラダイムシフト

#### a.　個人化とグローバル化

個人化が進む現代は，社会が個人に自己決定・自己責任を求めてくる．生活裁量力（展望，設計，運営）をもとに，個人がよい暮らし（well-being）を送るためには，生活の変化を読み解く多様なリテラシーが求められる．エンパワメント（empowerment）とは「力をつける」ことを意味し（村松・村松，1995，p.14），セルフエンパワメントとは，自分の生活が人格的，政治的，経済的，社会的な諸力にもてあそばれることを防ぎ，自分の生活に有意義な影響を与えることのできる能力を獲得することとされる．

グローバル化の進展で生活空間は広がり，留学や仕事や旅行での海外渡航も増えてきた．交通・通信の発達により世界各地との距離が縮まり，大量のモノ，多様な通貨，何より情報が世界中を動き，情報社会での商品化はモノからサービスへとさらに進行し教育や金融など格差を広げている．

一方，2020 年の新型コロナウイルス感染症の収束への取組みにみられるように，情報のグローバル化は，パンデミックの問題解決に向けて国や地域を超えた取組みの共同を可能にしている．

#### b.　成長の限界とパラダイムシフト

国内をみてみると，日本の衣食住の自給率は低下している．1965 年度に 73% の水準であったカロリーベース食料自給率は，2018 年度は 37% にまで低下した．遠い海外での生産に依存し，多くの資源を購入しながら，食べられる食品を廃棄しており，日本の食品ロスは年間 643 万トン（2016 年度）にも及ぶ．これらは 15 章で詳しく扱うが，人間の資源消費量と自然の生産能力を対比し，生活が地球環境に与える影響を示す指標，「エコロジカル・フットプリント」を用いて算出すると，世界の生活レベルを維持するには約 1.75 個（2019 年）の地球が，日本人の生活レベルでは 2.8 個（2019 年）の地球が必要とされている．人間の活動が地球規模で生態系の循環を乱している．自然を「自然環境」ととらえなおすことが切実に求められている．

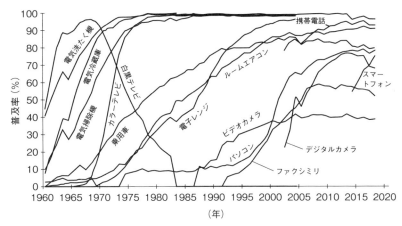

**図 1.5** 主要耐久消費財等の普及率（2 人以上の世帯．内閣府，2004；2018）
電気冷蔵庫，電気掃除機，電気洗濯機，電子レンジの普及率は 2004 年 3 月で調査が
終了している．保有台数は 1 世帯で複数台を保有していても，1 台としてカウント．
携帯電話はスマートフォンを含む．

　経済成長の限界は明らかである．社会規範をチェンジし，生活裁量力をあげ，
生活を再生し，持続可能な社会に変えるパラダイムシフトが迫られている．

　図 1.5 から新たな変化の方向を探してみよう．第二次世界大戦後の 20 世紀後
半，標準的生活水準を目標に，家庭電化製品が各家庭に普及した．21 世紀に注
目されるのは，新たなテクノロジー，具体的には携帯電話・スマートフォンの普
及率である．IoT や AI（人工知能）などの技術革新・第四次産業革命による転
換点にたっている．暮らしをつくりかえながら，社会をつくりかえる技術が登場
している．新技術で生産と消費をつなぎなおし，生活裁量力を上げシェアリング
エコノミー（第 10 章参照）を活性化させ持続可能な社会へパラダイムシフトさ
せるのはセルフエンパワメントした生活者である．

## 1.2.3　生活ガバナンスとリカレントな社会

### a.　生活ガバナンス

持続可能な（sustainable）という言葉は，1987 年に国連の環境と開発に関す
る世界委員会（ブルントラント委員会）が出した報告書『我ら共有の未来（Our
Common Future)』において使われ（環境と開発に関する世界委員会，1987），
「持続可能な開発とは，将来世代が自らの欲求（ニーズ）を充足する能力を損な
うことなく，今日の世代の欲求を満たすような開発」と定義された．また，1991

**表 1.1**　生活に関わる指標の変化

| 年 | | 1960<br>（昭和 35） | 1975<br>（昭和 50） | 1990<br>（平成 2） | 2005<br>（平成 17） | 2015<br>（平成 27） |
|---|---|---|---|---|---|---|
| 合計特殊出生率 | | 2.00 | 1.91 | 1.54 | 1.26 | 1.45 |
| 平均寿命 | 男 | 65.32 | 71.73 | 75.92 | 78.56 | 80.75 |
| | 女 | 70.19 | 76.89 | 81.90 | 85.52 | 86.99 |
| 年齢別人口割合（％） | 0〜14 歳 | 30.2 | 24.3 | 18.2 | 13.8 | 12.6 |
| | 15〜64 歳 | 64.1 | 67.7 | 69.7 | 66.1 | 60.7 |
| | 65 歳以上 | 5.7 | 7.9 | 12.1 | 20.2 | 26.6 |
| 平均世帯規模 | | 4.14 | 3.22 | 2.99 | 2.55 | 2.33 |
| 産業別人口割合（％） | 第一次産業 | 32.7 | 13.8 | 7.1 | 4.8 | 3.8 |
| | 第二次産業 | 29.1 | 34.1 | 33.3 | 26.1 | 23.6 |
| | 第三次産業 | 38.2 | 51.8 | 59.0 | 67.2 | 67.2 |

注：産業別人口割合は総数に分類不能の産業を含むため，第一次・第二次・第三次産業の
　　合計は 100％にはならない．
出典：人口割合，世帯規模は総務省統計局「国勢調査」，出生率は厚生労働省「人口動態統
　　　計」，平均寿命は厚生労働省「完全生命表」による

年には新世界環境保全戦略「かけがえのない地球を大切に―持続可能な生活様式
実現のための戦略」が発表された．持続可能な生活環境問題や社会問題の解決に
考慮した企業に ESG（環境（environment），社会（social），ガバナンス（gov-
ernance））投資をするなど，持続可能な社会をつくる活動も地球規模で動いて
いる．

　表 1.1 で示したように，日本は，世界の長寿化の先頭を進む高齢先進国といわ
れる．2019 年住民基本台帳によると，100 歳を超える人が 7 万 1,274 人，うち
88.1％が女性である．2050 年ごろには，200 人に 1 人が 100 歳以上と予測されて
いる．"sustain" という用語には「維持・持続」の他，「支援する」という意味
がある．「生活ガバナンス」とは，生活のあり方やそれを取りまく社会，経済，
自然を含めた環境のあり方について，当事者主体が議論し，利害を調整し，交渉
し，熟議して，相互依存の関係で支えあって生活環境を変えていく生活者の営み
である（石田，2010，pp.121-128）．

### b.　持続可能社会モデルと SDGs

　生活の危機に直面した時，不安感やリスク感から，これまでの暮らしへの疑問
や反省をもち，エシカル（第 15 章参照）に自省し，持続可能社会にむけて生活
の変化を創り出す個人が生活者である．

表 1.2　天野正子のリカレントな 5 つの持続可能社会モデルと SDGs の目標

| | ライフサイクル リカレント型 | 食が結ぶ都市と 農業との共生型 | 環境循環型 | 福祉循環型 | 男女共同参画型 |
|---|---|---|---|---|---|
| 背景 | 生涯時間の延長 | 地域性（ローカル性）の破壊 | 資源の有限性 | 低出生率 | 女性の権利と参画 |
| 循環性の コンセプト | 「労働－教育－家庭－社会活動」 | 「台所－土壌－安全な食－台所」 | 「自然－人間」 | 世代間 | 「ペイド－アンペイドワーク」間 |
| 規範 or 倫理 | 選択の自己決定 | 連携，安全性 | 環境倫理 | 世代間公正 | パートナーシップ |
| 関連性 のある SDGs の 目標 （表 0.1 参照） | 4 質の高い教育を みんなに 8 働きがいも経済 成長も 10 人や国の不平等をなくそう 11 住み続けられるまちづくりを 17 パートナーシップで目標を達成しよう　など | 2 飢餓をゼロに 3 すべての人に 健康と福祉を 6 安全な水とトイレを世界中に 12 つくる責任つかう責任　など | 7 エネルギーをみんなにそしてクリーンに 12 つくる責任つかう責任 13 気候変動に具体的な対策を 14 海の豊かさを守ろう 15 陸の豊かさも守ろう　など | 1 貧困をなくそう 3 すべての人に健康と福祉を 10 人や国の不平等をなくそう 16 平和と公正をすべての人になど | 5 ジェンダー平等を実現しよう 10 人や国の不平等をなくそう 17 パートナーシップで目標を達成しよう　など |
| 価値 | 経済の量的拡大を基本的価値ないし目標としない社会 | | | | |
| 方向性 | 経済の「成長」から「サブシステンス」を基軸とする社会へ | | | | |

出典：上村協子（2020），p.8 に加筆修正

　リカレント（循環型）社会として天野正子（2012）は①「ライフサイクルリカレント型」②「都市と農業との共生型」③「環境循環型」④「福祉循環型」⑤「男女共同参画型」の 5 つのモデルをあげ，その背景，循環性のコンセプト，規範（または倫理）を整理した．課題に直面している当事者は，課題ごとにリカレント（循環型）社会モデルを描く．生活の保障は，自助・共助・公助を組み合わせ，多世代の共同・協働・協同で行われる．「ライフサイクルリカレント型」は選択の自己決定を，「福祉循環型」は世代間公正を基軸にする．そこで，SDGsの 17 目標との対応を含め表 1.2 に示した．

　生活者が生活ガバナンスにより，リカレントで持続可能なコミュニティを形成することを求められる時代がきている．　　　　　　　　　　　　〔上村協子〕

# 文　　献

天野正子（1996）『「生活者」とはだれか―自律的市民像の系譜―』中央公論新社

天野正子（2012）『現代「生活者」論―つながる力を育てる社会へ―』有志舎

石田好江（2010）「生活者参加型の生活ガバナンス」（社）日本家政学会生活経営学部会編『暮らしをつくりかえる生活経営力』朝倉書店

伊藤セツ（1989）「新しい生活様式の創造と選択のために」日本家政学会編『家庭生活の経営と管理』朝倉書店

環境と開発に関する世界委員会（1987）『地球の未来を守るために』福武書店

松村祥子（2000）『現代生活論―新しい生活スタイルと生活支援』放送大学教育振興会

松村祥子（2012）「Sustainability という概念を生活経営の視点で読み解く」『生活経営学研究』No.47，3-10

御船美智子・上村協子（2001）『現代社会の生活経営』光生館

村松安子・村松泰子（1995）『エンパワーメントの女性学』有斐閣

内閣府（2004）「消費動向調査」https://www.esri.cao.go.jp/jp/stat/shouhi/shouhi.html

内閣府（2018）「消費動向調査」https://www.e-stat.go.jp/stat-search/files?page=1&layout=datalist&toukei=00100405&tstat=000001014549&cycle=0&tclass1=000001107575&tclass2=000001114115

白波瀬佐和子（2010）『生き方の不平等―お互いさまの社会に向けて』岩波書店

上村協子（2020）「現代生活学研究〜生活者がつなぐ食（消費）と農（生産）」現代生活学研究会　科学研究費（17K00771）報告書

# 第2章　生活経営の方法と生活経営学研究

　本章では，2.1 節で生活経営を取りまく社会環境と生活意識・価値観の変化を確認し，2.2 節で生活経営の範囲と方法を述べ，その後，2.3 節で生活経営学の研究史，研究の対象とその方法について概観する．

## 2.1　生活経営を取りまく社会環境と生活意識・価値観の変容

　社会環境や生活意識・価値観は生活経営の基盤である．戦後から現在までの社会環境の変化を概観し，生活意識・価値観の現在の傾向をみてみよう．

### 2.1.1　社会環境の変化

　社会環境は戦後から大きく変化した．前章表 1.1 をみると，合計特殊出生率の低下と平均寿命の長期化により，65 歳以上の高齢者人口割合が増加し，14 歳以下の年少人口割合が減少し，現在は少子超高齢社会となっていることがわかる．世帯は単身世帯が増加し（3 章表 3.1），平均世帯人員は減少している．2015 年には第三次産業に従事する者が約 7 割を占め，非正規雇用者は全体の約 4 割を占める（第 11 章表 11.2）．

### 2.1.2　生活意識・価値観の変容

　社会環境の変化と人々の生活意識や価値観は相互に影響を与えている．内閣府の「国民生活に関する世論調査」，NHK 放送文化研究所の「日本人の意識調査」の中から，時系列比較が可能な質問を比較してみよう．

　「これからは心の豊かさか，物の豊かさか」については，1970 年代は「物の豊かさ」との回答が「心の豊かさ」よりも多かったが，80 年代以降，「心の豊かさ」を重視する者が増加し，現在では 6 割以上が「心の豊かさ」を選んでいる（図 2.1）．

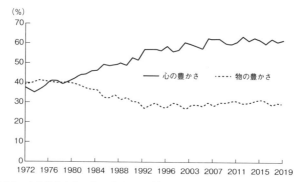

図 2.1　心の豊かさか，物の豊かさか（内閣府（2019），図 21-2 を一部改変）

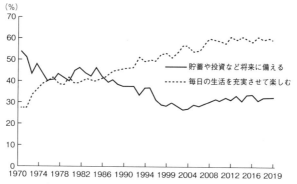

図 2.2　将来の貯蓄・投資か，毎日の充実か（内閣府（2019），図 22-2 を一部改変）

　　将来志向か現在志向かについては，80 年代半ばまでは「将来への貯蓄・投資」が「毎日の生活を充実」を上回っていたが，80 年代の後半からは「毎日の生活を充実」を選ぶ者が増加し，2010 年以降は 6 割となっている（図 2.2）.

　　「社会に役立ちたいか」については，80 年代後半以降，「役立ちたい」が 50%を超え，2000 年代半ば以降は 6〜7 割の人々が社会への貢献意欲を示している（図 2.3）.

　　結婚した女性が仕事をもつことについては，70 年代は「育児優先」，「家庭に専念」が「家庭と仕事両立」を上回っていたが，80 年代で「家庭と仕事両立」が「家庭に専念」を上回り，90 年代においては「育児優先」をも超えた．2018 年では「家庭と仕事両立」を支持する人は 6 割にのぼる（図 2.4）.

　　以上のようにモノや金銭に対する価値観や社会への貢献意欲，女性の役割に関する意識は，この 50 年ほどの間で大きく変化している.

**図 2.3**　社会に役立ちたいか（内閣府（2019），図 4-2 を一部改変）

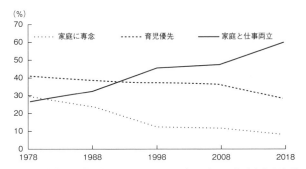

**図 2.4**　結婚した女性が仕事をもつことについての意識（NHK 放送文化研究所，2019）

　心の豊かさを志向する人々は，モノやサービスを大量消費するのでなく共有することに価値を見出すであろう．こうした価値観は，貯蓄や投資といった金銭的資源のみで将来に備えるのでなく，毎日の生活を充実させることを通じ人間関係を豊かに育み，人的なつながりを蓄えていくことを選んでいるのかもしれない．それらは社会貢献への意欲や人々の自由な生き方への賛同に通じていくだろう．

　こうした人々の生活意識や価値観の変化は，私たちの生活の枠組みにも影響を及ぼし，SDGs のめざす「持続可能で多様性と包摂性のある社会」の構築や前章で示された「経済成長を基本的価値にしない」リカレント（循環型）社会の創造へと帰結する．

## 2.2　生活経営の範囲とその方法

### 2.2.1　拡大する生活経営の範囲

　生活経営とは，序章で述べた通り，生活を総合的にマネジメントすることであり，個人や家族の目標を達成するために生活資源を有効に活用する組織的・計画的な活動である．生活資源をどのようにとらえるかについては，古くは P. ニッケル，J. M. ドーゼイ（Paulena Nickell, Jean Muir Dorsey）や I. H. グロス，E. W. グランドル，M. M. ノウル（Irma H. Gross, Elizabeth W. Grandall, Marjorie M. Knoll）らによる研究があり，日本でも 1960〜1980 年代の間に彼らの研究が紹介されてきた．彼らは資源を人的資源と非人的資源の 2 つに大別した．人的資源とは個人の能力，技術，知識，エネルギーなどからなり，非人的資源は金銭，財貨と財産，地域社会施設などの空間としている．日本では 1990 年代に宮崎ら（1999）が，家庭を基軸に生活資源を家庭内部と家庭外部に分け，さらにその内容を人間関係，経済関係，生活管理の 3 つで検討した．家庭内部と家庭外部に分類した理由は，家庭内部で管理されていた生活資源が，家庭の外部資源に代替さ

表 2.1　生活資源の種類（宮崎編（1999）p.22 をもとに筆者作成）

| | 家族内部資源 | 家族外部資源 |
|---|---|---|
| 人 的 | （個人的）<br>健康，時間，経験，技能，情報，知識，教育，労働力，家事・生活技術，人間関係力，IT 操作能力など<br>（家族的）<br>家族メンバー，家族関係など | 親族，友人，近隣，地域社会，ネットワークなど |
| 非人的 | 生活財，サービス，収入，貯蓄，資産，住居など | 財・サービス市場<br>企業，NPO，協同組合<br>社会サービス<br>行政機関<br>教育機関<br>保育施設<br>介護施設<br>医療施設<br>公的社会保障<br>民間各種保険<br>金融市場<br>生活環境整備（自然災害，安全，平和）に関する施設や情報 |

れていく生活の社会化の拡大を考慮してのことであり，家庭と外部資源とのインターフェイスを把握する必要性を説いている．

表2.1は現代の生活資源を宮崎ら（1999）の生活資源分類にもとづき，家庭内部と外部に区分し，さらにニッケル，ドーゼイやグロス，グランドル，ノウルらの使用した分類である人的資源と非人的資源によって整理している．第1章の生活の枠組みに従えば，家庭内部資源は生活の内的資源，家庭外部資源は生活の外的資源と呼ぶこともできる．宮﨑らが作成した1999年以前の生活資源の種類と比較すると，現在では家庭外部資源が大きく変化し，とくに非人的資源の種類が増加している．これらの生活資源が生活経営の具体的な対象となるのである．

生活資源は社会環境や人々の意識・価値観の変化に対応している．たとえば，現在，我々が直面する第四次産業革命下の技術革新の変化と生活資源の関係性を考えてみよう．第四次産業革命は，現実世界（physical world）のできごとがスマートフォンやウェアラブル端末，インターネットなどを通じてデジタル・データに変換され，サイバー世界（cyber world）に送られるサイバーフィジカルシステム（cyber-physical system）の活用により生活を大きく変えていく．具体的にはデジタル・データによって，個々のニーズにカスタマイズされた製品やサービスが提供されたり，インターネットのプラットフォームを用いた個人間の貸借，売買，交換（シェアリングエコノミーの成立）が可能になったり，ICT（情報伝達技術，information and communication technology）の活用でテレワークや雇用によらない働き方が増加するといったことが生じる．しかし，これらの社会環境変化の対応において，新たな生活資源（スマートフォンなどの携帯端末の所持やインターネットへのアクセス，それらを操作する能力など）が必要となる．社会環境の変化は新たな生活資源を生み出し，それらの生活資源を利用することで変化への対応が可能になる．生活資源の増加により生活経営の範囲は拡大し複雑化していく．

### 2.2.2 生活経営の方法

自らが主体となって，組織的・計画的に生活資源を有効に使用するには，どのようにしたらよいのだろうか．前章（図1.2）では，生活欲求の発生から充足にいたるまでの生活活動とそれを取りまく状況が示されたが，図2.5は，生活欲求の発生の背景，それに伴う行動の循環プロセスをリスクマネジメントを含めて明らかにしたものである．

　希望や夢の実現，生活上の問題の解決を含む生活欲求は，生活の場である自然・社会環境と人々のもつ価値観によって出現する．「お腹がすいたので，空腹を満たしたい」といった日々の欲求，「夏休みに海外旅行をしたい」といった比較的短期間で対応可能な希望，「将来，○○になりたい」といった長期間を要する夢，これらが発生すると人々はその充足に向かって動機づけられるが，まずは現状を把握することが必要となる．この現状把握は，客観的に自らの生活を観察し，利用可能な生活資源と価値観を確認することになるだろう．その後，目標，計画，実行へと進む．具体的な目標を立て，その計画を行う段階において，自らがもつ生活資源とその利用可能性，不足する生活資源の獲得，複数の生活資源と目標達成の方法がある場合は，どの方法を使うかを意思決定する．同時に目標達成におけるリスクの存在について考慮するリスクマネジメントも必要となる．藤田（2019）は生活設計上のリスクマネジメントとして① リスクの確認，② リスクの評価，③ リスクの処理，④ ポスト・ロスコントロール（損失をもたらすできごとが発生した後に，さらに損失が拡大することを防ぐこと）を提唱している．こうした生活リスクマネジメントを行いつつ，生活資源を調整し，計画を実行する．実行後には評価を行い，それを新たな希望，夢，生活欲求へとフィードバックする．この一連のプロセスが生活経営である．

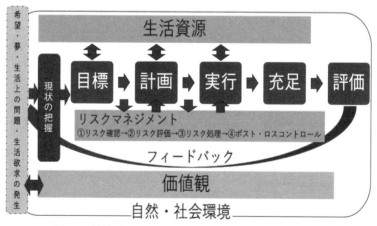

図2.5　生活経営のプロセス（重川（2016）p.59 をもとに作成）

## 2.3 生活経営の研究

### 2.3.1 生活経営学の研究史

生活経営（家庭経営，家庭管理）はどの時代も人々の生活とともにある．日本における生活経営学を研究史として概観すると，その学問的系譜は2つの時期(1) 明治，大正，昭和の戦前と (2) 戦後期に分けて整理がなされている（阿部，1989；宮崎・伊藤，1989）．ここでは，戦後の生活経営学の変遷を紹介する（宮崎・伊藤，1989）．

戦後の生活経営学の理論的背景は大きく2つに分けられる．1つは労働力再生産・保全説によるもので，社会政策学の生活問題研究の手法を基礎としたものである．この手法は，資本主義経済下の家庭の機能を労働力再生産の機能として示すものであり，戦前に論じられた規範的な家庭のあり方とは異なる客観的，科学的な家庭機能の把握が可能となった．もう1つは，経営学の知見を導入した米国家政学の影響を受けた近代主義的家庭経営論である．松平（1960）は，米国経営学におけるテーラーの科学的管理法による時間研究（time study），動作研究（motion study），フォードシステムによる合理的な作業管理，ドラッカーによる企業資源の有効活用を紹介し，企業の経営管理の研究知見が家庭管理においても応用可能であると記している．近代主義的家庭経営論は，上記の経営学理論の他にも，意思決定論，システムズ・アプローチなどを組み込みながら，生活設計や消費者教育という具体的課題へ展開していった．

日本家政学会生活経営学部会（当時は家庭経営学部会）は1970年に設立されて以降，上記の理論的背景にもとづく数多くの研究を生み，育み，蓄積してきた．1970年代，1980年代の研究動向は，毎年の夏期セミナーのテーマにもとづいて宮崎・伊藤（1989）がまとめているので，それに従って簡単に整理すると，1970～1975年までは家庭経営学の一般的で抽象的な内容が取りあげられていた．1976～1979年になると，学問的抽象性から抜け出し，家庭生活の具体的な問題が設定され，1980年代においては，福祉見直しや行財政改革といった政府の政策の変化に家庭がいかに対応するかが課題となった．

1990年代以降についても，夏期セミナーのテーマから傾向をみていこう．1990年代は本部会が部会名称を変更した大きな転換点である．本部会は1995年から2年間の検討期間を経て，1997年に家庭経営学部会を生活経営学部会に改

称した．変更の理由は，研究対象が家庭から生活全般に変化していること，研究方法をより深化させていく必要があるといったことであった（宮本，1998）．2000 年代には，介護保険の施行に関連して高齢期の生活問題，さらに年齢別の生活問題の探求が行われ，格差や社会的排除が議論された．2010 年代は，雇用不安や所得減少といった生活基盤を揺るがす社会問題が扱われ，生活者の主体性の獲得と公助，共助による生活支援のあり方，持続可能な生活の創造が主たる課題とされていった．

## 2.3.2　生活経営学の対象と方法

　生活経営の定義を再確認したうえで，生活経営学の対象と方法を考察してみよう．生活経営とは，前述のとおり，生活を総合的にマネジメントすることであり，個人や家族の目標を達成するために生活資源を有効に使用する組織的・計画的な活動である．つまり，前項で示した図 2.5 のプロセスの中で家庭内外の生活資源を適切に管理し，調整することである．先の生活経営学の研究の歴史と主たるテーマの動向を理解すると，生活経営へのアプローチは数多く存在することがわかるが，ここでは生活経営学研究が数多くの生活資源の中でとくに注目してきた 5 つの資源（① 生活時間，② 家計，③ 人間関係，④ 行為・行動，⑤ 生活手段（モノ・サービス））を，個人，家族，地域，社会のレベルでとらえ直し，生活経営の対象と方法として紹介する（表 2.3）．

　① 生活時間については，個人と家族の問題ととらえる場合は時間量や時間帯，時間配分とそこに生じている性別役割分業，アンペイドワーク，ワーク・ライフ・バランスが主たる対象となる．地域や社会の問題とする場合は，個人の生活時間量や時間配分が当該地域や社会に与える影響，個人を超えた社会政策としての長時間労働やワーク・ライフ・バランスへの取り組みが問題となる．これらを明らかにするための方法として，生活時間調査の実施や既存の生活時間統計の分析があげられる．

　② 家計については，個人，家族のレベルでは収入，支出，貯蓄，負債といった家計の把握，生活設計が対象となり，地域，社会の問題としては，最低賃金や最低生活費，社会保障給付といったマクロ経済に関わる問題，昨今では金融への家計のアプローチも重要な課題となっている．また，個人，家族，地域，社会の全レベルにわたる貧困問題も家計に直結する．これらを解明する方法として，家計簿調査，家計や貧困に関する調査の実施，既存の家計・消費統計の分析などが

表2.3 生活経営学の対象と方法

| | | 個 人 | 家 族 | 地 域 | 社 会 |
|---|---|---|---|---|---|
| ① 生活時間 | 対 象 | 時間量，時間帯，時間配分，生活行動，性別役割分業，ライフステージ，アンペイドワーク，ペイドワーク，生活設計，ワーク・ライフ・バランス，ライフスタイルなど | | | |
| | 方 法 | 生活時間調査，生活時間統計分析，労働時間統計分析など | | | |
| ② 家計 | 対 象 | 収入，支出，貯蓄，負債，消費，物価，貧困，最低賃金，最低生活費，生活保障給付，消費様式，金融リテラシー，リスク・マネジメント，生活設計，ライフコース，ライフステージなど | | | |
| | 方 法 | 家計調査，家計・消費調査統計分析，消費者物価統計分析など | | | |
| ③ 人間関係 | 対 象 | 家族関係，家事・育児・介護，ライフコース，家族に関わる法律，性別役割分業，地域ネットワーク，地域活動，社会活動，ボランティア，社会関係資本など | | | |
| | 方 法 | 対象となる人間関係に関する各種調査の実施，国勢調査，人口動態統計などの統計分析など | | | |
| ④ 行為・行動 | 対 象 | 行動の種類，行動量，生活必需行動，ケイパビリティ（機能），生活技術，生活支援ニーズ，生活の質など | | | |
| | 方 法 | 動作調査，動作分析，ケイパビリティ・アプローチ，ビッグデータ分析など | | | |
| ⑤ 生活手段（モノ・サービス） | 対 象 | 生活手段の量と質，モノ（財）消費とサービス消費，生活様式，生活水準，標準生活費，最低生活費，社会保障，シェアエコノミー，消費者教育など | | | |
| | 方 法 | 生活財調査（モノの所有調査），家計・消費調査統計分析，理論生活費，最低生活費の算定など | | | |

ある．

③ 人間関係については，個人や家族レベルでは家族関係と家庭内の役割分業，育児や介護が対象となる．地域や社会レベルでは，各種ネットワーク組織，地域活動，社会活動，社会関係資本などが主たる対象となる．また，育児や介護は個人，家族，地域，社会の全レベルにわたり，さまざまな課題が存在している．方法としては，対象となる人間関係に関する各種調査の実施，育児，介護に関する調査の実施，国勢調査などの統計分析などがあげられる．

④ 行為・行動の対象となるのは，個人，家族の行動の種類や行動量，生活に必要な行動，生活技術，さらにこれらの行為・行動から明らかとなる生活支援へのニーズや生活の質の問題である．個人，家族の行為・行動が集積して，地域や社会における人々の行為・行動が存在する．これらを明らかにする方法としては，動作調査，動作分析，ビッグデータの利用，ケイパビリティ・アプローチ

（第9章参照）などがある.

　⑤生活手段（モノ・サービス）の対象は，個人や家族レベルでは所有する生活手段の量と質，消費様式，生活設計，生活水準，地域や社会レベルでは，最低生活に必要な生活手段の把握や最低生活費，社会保障のあり方，シェアリングエコノミー，消費者教育などが対象となる.　方法としては，生活財調査（モノの所有調査）や家計統計や消費統計の分析，理論生計費や最低生活費の算定などが考えられる.

　以上，生活経営学における主たる研究対象とそれらを明らかにするための方法を紹介した.　研究対象と方法は数多く存在するが，それらに通底しているのは，人々の生活上の問題解決に向けた生活支援のあり方を見出すこと，生活をよりよい方向に変化させることのできる実践的学問としての研究を志向していることである.　第3部では各章ごとにその具体的な方法が詳細に示される.　〔斎藤悦子〕

# 文　　献

阿部和子（1989）「家庭経営学の歴史と系譜」日本家政学会編『家庭生活の経営と管理』pp. 3-7, 朝倉書店

藤田由紀子（2019）「生活を設計する①」『生活者の金融リテラシー』p.52, 朝倉書店

Goldsmith, E. B. (2013) *"Resource Management for Individuals and Families"* Pearson

Gross, I. H., Grandall, E. W. and Knoll, M. M. (1963) *"Management for Modern Families"* Appleton-Century-Crofts

濱口桂一朗（2012）「雇用ミスマッチと法政策」『日本労働研究機構』No.626, 26-33

松平友子（1967）『家庭運営』pp.140-142, 光生館

宮本みち子（1998）「家庭経営学部会名称問題に関する経過（常任委員会）」『生活経営学研究』No.33, 41

宮﨑礼子編（1999）『現代の家庭と生活経営』朝倉書店

宮﨑礼子・伊藤セツ（1989）『新版 家庭管理論』pp.241-281, 有斐閣

内閣府（2019）「国民生活に関する世論調査」

Nickell, P. and Dorsey, J. M. (1950) *"Management in Family Living"* John Wiley & Sons

大竹美登利（2010）「生活経営力とは何か」（社）日本家政学会生活経営学部会編『暮らしをつくりかえる生活経営力』pp.158-160, 朝倉書店

重川純子（2016）『生活経済学』放送大学教育振興会

# 第3章　生活の組織と単位の変化

## 3.1　生活の単位に関わる基礎的概念の整理

　私たちは，個人，家族，地域，職場など，さまざまな単位で生活している．ここでは，「個人」に最も長く，深く関わることの多い「家族」やそれに類似する生活の組織について概念整理をしておこう．

### 3.1.1　家族の定義をめぐって

　家族は時代や文化などによってその形態や機能は異なっている．しかも時代や文化が同じでも，生活の中で家族という言葉を用いるときには，使う人によりその意味合いは同じではない．家族研究においてもさまざまな定義がなされてきたが，森岡らが示した定義である，家族は「夫婦・親子・きょうだいなど少数の近親者を主要な成員とし，成員相互の深い感情的かかわりあいで結ばれた，幸福追求の集団」（森岡・望月，1997，p.4）という定義が，広く用いられてきた．

　しかし，多様な生き方や多様な家族のあり方を尊重する社会の動きは，家族を画一的に定義することよりも，当事者の意識や基準にもとづく家族のとらえ方の研究を促した．上野（1994）は，「家族」を構成するものには実体と意識があるとし，多くは意識の中に存在していることを指摘し，家族を成立させている意識を，「ファミリィ・アイデンティティ family identity（FI）」と命名した．そして，FI を「あなたはどの範囲の人を家族とみなすのか」を問うことによって確認しようと試みた．また，山田（1989）は，人は何らかの基準をもとに家族であるかないかを無意識に判断しているとして，主観的家族像をとらえることの必要性を指摘した．同居か否か，生計を共にするか否か，法律婚か否かなど，どのような人々を家族と見なすのかの質問から主観的家族像を考察した．

### 3.1.2　家族に関わる基礎的概念

#### a.　核家族・拡大家族・複婚家族

　家族にはどのようなかたちがあるのか．アメリカの文化人類学者，G. P. マードックは，一組の夫婦と未婚の子どもたちからなる家族を「核家族（nuclear family）」と名づけた（1979）．そして，社会に存在するさまざまな家族には少なくとも一組の核家族が見出せるとし，核家族が独立した単位として存在する場合と，婚姻などにより複数の核家族が組み合わさってより大きな家族単位として存在する場合とがあるとして，3 つのタイプを示した．① 夫婦とその未婚の子どもからなる「核家族」，② 三世代同居家族のように親子関係の拡大によって複数の核家族が結合した「拡大家族」，③ 一夫多妻婚や一妻多夫婚のように一人の配偶

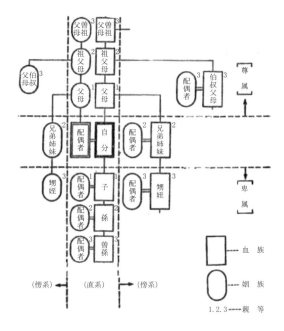

血族は出生と養子縁組により生ずる関係，姻族は婚姻により夫婦の一方と他方の血族の間に生ずる関係をさす．
　親族は，配偶者を別として，直系と傍系に分けられる．直系親族とは，世代が上下方向に真っ直ぐにつながる系統であり，祖父母－父母－子－孫などをさす．傍系親族とは，直系を別にして，共同の始祖からつながる系統である．たとえば，兄弟姉妹は父母という共同の始祖からつながる傍系親族である．
　また，親族は，同世代を別にして，世代により尊属と卑属に分けられる．尊属は自分より前の世代に属する親族，卑属は自分より後の世代に属する親族である．

**図 3.1　親族の関係と親等の数え方**（湯沢（1987），p.12 より作成）

者を共同にもつことにより複数の核家族が結びついた「複婚家族」である.

### b.　親　　族

親族は家族とともに人々の関係性を示す用語である. 親族は血縁関係と婚姻関係によって結ばれている人々の集まりで, 日本では, 民法725条で六親等内の血族, 配偶者, 三親等内の姻族と規定している（親族の関係と親等の数え方は図3.1参照）.

### c.　世帯・家庭

家族と類似した言葉として,「世帯」「家庭」がある.「世帯」とは,「住居と生計を共にしている人々の集まり, または, 一戸を構えて住んでいる単身者」をさす. 客観的に家族をとらえることは困難であるため, 家族の動向を把握したり分析したりする際は「世帯」が用いられる. 世帯をとらえることにより実質的な生活状況を把握することができる（3.2節参照）.

また,「家庭」とは, 家族と, 家族が生活を営む場所を含む概念である. 家庭は, そこで展開される人間関係のなかで, 温もりや安らぎを付帯した情緒的な交流が行われることによって醸し出される雰囲気と結びつけて使われることが多い（宮坂, 2018）. 家族・世帯・家庭は一致する場合もあればしないこともある. 個人の人生においても一致する時期としない時期がある.

## 3.1.3　さまざまな関係性

### a.　ステップファミリー

「親の再婚または親の新しいパートナーとの生活を経験した子どものいる家族」をステップファミリーという（野沢, 2017）. 両親は離別か死別か, 別居親との交流状況など, 様相はさまざまである. ステップファミリーには, 別居親との関わりや, 子どもが抱える喪失や葛藤など, 初婚家族にはない課題がある（菊地, 2018）.

### b.　性的少数者（セクシュアル・マイノリティ）と家族

カップル関係は男女に限ったことではない. 国際的には, 同性婚法により, 同性カップルの結婚が多くの国で認められているほか, 同性のカップルにパートナーとしての立場を認める法や制度をもつ国も少なくない. 日本では2015年に渋谷区, 世田谷区が婚姻に相当する関係として「同性パートナーシップ制度」をスタートさせたことに始まり, 2020年4月の時点で40を超える自治体が同様の制度を導入している. この制度は同性のカップルに法律婚と同等の権利義務関係を

与えるものではないが，病院での付き添い，公営住宅への入所など，共に生活を営む存在としての位置を獲得しつつある（釜野，2017）．また，日本では，「性同一性障害者の性別の取扱いの特例に関する法律」に定められた要件を満たして性転換をした場合は，性別変更後に異性との結婚が可能である．

なお，性的少数者の人々をさす用語として LGBT（Lesbian, Gay, Bisexual, Transgender）という用語が知られているが，すべての人がもつ性的指向（sexual orientation）・性自認（gender identity）の頭文字をとった SOGI という用語も使われるようになっている．ジェンダー（gender）とは広く社会的文化的性別を意味し，生物学的な性別を表す sex と区別して用いられてきた．今日ではセクシュアル・マイノリティに関わる動向を反映し，ジェンダーに関連する事象は① 性染色体やホルモンなどにより女性型と男性型を両極としてその間のどこかでとらえられる「身体」，② 心の性別である「性自認」，③ 服装や外観，ふるまいである「性表現」，④ 恋愛や欲望の対象である「性指向」，⑤ 社会通念としての「女／男らしさ」など，複数の次元から把握されるようになっている（山根，2018）．

### c.　さまざまな暮らし方

人との関係性は，老人ホーム，児童保護施設，さらに学校の寮・寄宿舎など暮らし方によっても異なる．高齢者のグループホームや若者のシェアハウスなどは最近増加している暮らし方である．なお，日本では現在，約4万5,000人の子どもが里親制度や児童養護施設などの社会的養護のもとで生活しているが，その多くは児童養護施設で生活している．

## 3.1.4　ファミリー・ライフサイクルからライフコースへ

ライフサイクルとは，誕生―成長―衰退という生命周期を示す用語であるが，B. S. ラウントリー（1943）が家族の生活周期に応用したことにより，ファミリー・ライフサイクルとして，家族研究で用いられてきた．結婚により家族が誕生→ 出産・子育て → 子の独立 → 現役引退 → 配偶者の死により家族が終了，という家族の周期的変化をとらえた概念である．

家族周期論は，人は皆同じ家族周期をたどること，しかも個人は結婚後1つの家族だけに所属することを前提としているが，1960年代ごろから人々のライフスタイルが多様化し，家族周期論とのギャップが生じてきた．離婚や再婚により，個人は複数の夫婦関係や親子関係を経験するようになり，固定した集団とし

ての家族の周期の枠組みが揺らいできたのである.

　そこで，家族を「個人」の視点からとらえなおそうとする発想から生まれたのが「ライフコース」という視点である．ライフコース研究の第一人者である G. H. エルダー（1986）によれば，ライフコースとは「個人が年齢別に分化した役割や出来事を経つつたどる道筋」である．また，岩上（2007）によれば，ライフコース論の特徴は，① 個人の人生を生涯発達という観点からとらえる，② 個人の人生を役割移行の過程としてとらえる，③ 個人の人生を社会的・歴史的関わりでとらえるというものである．また，ライフコース研究にはコーホートという視点があり，特定の出来事（ライフイベント）を同じ年に経験する人たちのグループのことをいう．たとえば，出生コーホートとして，同じ年に生まれた人たちのグループを比較することによって，コーホートごとの特徴がみえてくる.

### 3.1.5　家族の機能

　家族の機能（家族機能）とは，家族が個人や家族，社会の存続・発展のために果たす働きである．マードック（1949）は，核家族がどの社会においても性的機能，経済的機能，生殖的機能，教育的機能の4つの機能を果たしてきたことを指摘した．パーソンズ（1956）は，核家族の機能は子どものパーソナリティの形成と大人のパーソナリティの安定化の2つに集中することを指摘した．また，石川（1997）は，性的機能，生殖・養育機能，社会化機能，生産機能，消費機能，教育機能，保護機能，休息・娯楽機能，宗教的機能，地位付与機能をあげている.

　しかし，3.2節でみるように，所与と見なされる家族の機能は社会の変化の中で変化する．とくに戦後は家族機能の外部化が進み，従来，家族が担ってきた機能の多くは市場化されている．内閣府の調査（2019a）によれば，家族（家庭）に対する期待の多くは「団らんの場」（64.2％），「休息・やすらぎの場」（63.8％），「家族の絆を強める場」（55.3％）など，情緒的なものに集中している（複数回答）.　　　　　　　　　　　　　　　　　　　　　　　　　　　　　〔大泉伊奈美〕

## 3.2　個人・家族・社会の関係性の変化

### 3.2.1　近代家族から現代家族へ

　近代家族とは，近代社会において理念として浸透するとともに実態としても成立した家族をさす．近代家族を特徴づけるのは，① 家内領域と公共領域の分離,

②家族成員間相互の強い情緒的機能，③子ども中心主義，④男性は公共領域・女性は家内領域という性別分業，⑤家族の集団性の強化，⑥社交性の衰退，⑦非親族の排除，⑧核家族，である（落合，1989）．わが国では，近代家族は第一次世界大戦後の近代産業社会の形成期に登場し，第二次世界大戦後の高度経済成長期に広く普及した．つまり，今日，広く一般に共有されている家族認識は高度経済成長期に普及した家族にもとづくものであり，それは普遍的なものなどではなく歴史の一時点において出現したものに過ぎないのである．

　家族認識は，家族機能の何を所与とみるかにも影響する．従来の「家族機能縮小論」（Burgess and Locke, 1945）では，家族機能の外部化が進行した結果，家族に残された機能は生殖・養育機能と愛情付与機能のみとなったとされた．しかしながら，P. アリエス（1980）によれば，そもそも愛情付与機能が家族の成立・存続に必要不可欠なものとなったのは近代以降のことである．

　現代家族とは，近代家族の支配する社会システムから外れる存在として登場した家族である．現代の家族の平均像というよりは，家族の変化の側面をさして使われることが多い（山田，1994）．本節で確認するように，今日，家族の個人化やライフコースの多様化が進み，家族の脱制度化（上子，1981）が進行している．こうした時代にあっては，家族の機能を論ずるよりはむしろ，個人を支えるための社会的な基盤整備のあり方を検討する必要がある．

## 3.2.2　ライフコースの多様化と出生・世帯構造の動向

### a.　ライフコースの多様化

　戦後から1970年代半ばにかけて，誰もが一定の時期に結婚し2〜3人の子どもをもつというライフコースの画一化が進んだ．この時期の家族形成の主役は1925年から50年生まれの人々である．だが，それ以降のコーホートでは未婚化（図3.2）が進行し，個々のライフコースは多様化している．

### b.　出生動向

　出生動向を測る指標は大きく分類すると2種類ある．1つは女性の出生力をみる際の合計特殊出生率，もう1つは夫婦の出生力をみる際の完結出生児数である．前者は15〜49歳までの女性の年齢別出生率を合計したもので，1人の女性が一生の間に産む子ども数の平均と見なされる．後者は結婚持続期間15〜19年の夫婦の平均出生子ども数で，夫婦の最終的な出生子ども数の平均と見なされる．

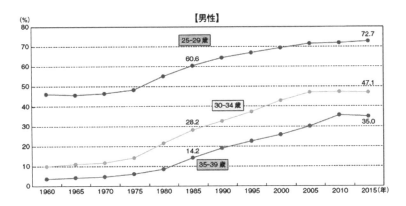

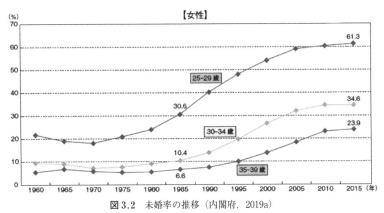

図 3.2 未婚率の推移（内閣府, 2019a）
総務省「国勢調査」より. 1960〜1970 年は沖縄県を含まない.

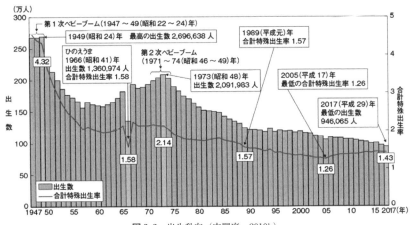

図 3.3 出生動向（内閣府, 2019b）
厚生労働省「人口動態統計」より.

　合計特殊出生率は，戦後の産児制限政策の下で急速に低下し，1950年代半ば～1970年代半ばまでの比較的安定した時期を経て，その後，再び低下し今日にいたっている（図3.3）．1950年代半ば～1970年代半ばの安定期は，ライフコースの画一化が進行した時期に相当し，「家族の戦後体制」（落合，1994）のもとで合計特殊出生率は約2.0でほぼ横ばいであった．ところが1970年代半ば以降，ライフコースの多様化が進む中で，合計特殊出生率は低下し，2018年現在で1.42である．人口が均衡した状態となる合計特殊出生率の水準（人口置換水準）はわが国では2.07とされるが，現状はそれを大きく下回っている．

　一方，完結出生児数は，戦後，減少したが，1972～2002年の30年間は約2.2人とほぼ一定であった．この時期，合計特殊出生率の低下にもかかわらず完結出生児数が一定であったことが顕著に示すのは，1970年代半ば以降のわが国の少子化のおもな原因が出生行動ではなく結婚行動の変化にあり，とくに未婚率の上昇に負うところが大きいということである．その後，晩婚化が進む中で，現在は完結出生児数も減少傾向を示している．

### c. 世帯構造の動向

　世帯構造の動向は世帯規模と世帯構成からとらえられる（表3.1）．世帯規模を示す平均世帯人員数は1960年以降減少を続け，2015年には2.33人となっている．世帯構成は，「核家族世帯」が全世帯の過半数を占めている．大きく変化したのは，拡大家族世帯が大きな比重を占める「その他の親族世帯」の減少と

表3.1　家族類型別世帯割合（一般世帯）と平均世帯人員数の推移
（社会保障・人口問題研究所（2020）より作成）

| 年 | 総数 | | 親族のみの世帯（%） | | | | | | | 非親族世帯（%） | 単独世帯（%） | 平均世帯人員数（人） |
| | (千戸) | (%) | 総数 | 核家族世帯 | | | | | その他の親族世帯 | | | |
| | | | | 総数 | 夫婦のみ | 夫婦と未婚の子 | 男親と未婚の子 | 女親と未婚の子 | | | | |
| 1960 | 22,231 | 100.0 | 83.6 | 53.0 | 7.3 | 38.2 | 1.1 | 6.4 | 30.5 | 0.3 | 16.1 | 4.14 |
| 1970 | 30,297 | 100.0 | 79.4 | 56.7 | 9.8 | 41.2 | 0.9 | 4.9 | 22.7 | 0.3 | 20.3 | 3.41 |
| 1980 | 35,824 | 100.0 | 80.0 | 60.3 | 12.5 | 42.1 | 0.8 | 4.9 | 19.7 | 0.2 | 19.8 | 3.22 |
| 1990 | 40,670 | 100.0 | 76.7 | 59.5 | 15.5 | 37.3 | 1.0 | 5.7 | 17.2 | 0.2 | 23.1 | 2.67 |
| 2000 | 46,782 | 100.0 | 72.0 | 58.4 | 18.9 | 31.9 | 1.2 | 6.5 | 13.6 | 0.4 | 27.6 | 2.55 |
| 2010 | 51,842 | 100.0 | 66.6 | 56.3 | 19.8 | 27.9 | 1.3 | 7.4 | 10.2 | 0.9 | 32.4 | 2.42 |
| 2015 | 53,332 | 100.0 | 64.3 | 55.8 | 20.1 | 26.8 | 1.3 | 7.6 | 8.6 | 0.9 | 34.5 | 2.33 |

「単独世帯」の増加，また核家族世帯全体に占める「夫婦と未婚の子からなる世帯」の減少である．「核家族世帯」の内の「夫婦のみの世帯」や「ひとり親と未婚の子」の世帯など少人数世帯の増加は，世帯規模の縮小に影響を与えている．

また，「国勢調査」の所属世帯別 65 歳以上の人口をみると，1970 年では，単独世帯で暮らす人が 6.0％，施設などで暮らす人が 2.2％であったものが，2015年では，それぞれ 17.7％，6.0％であり，家族とは別の暮らしを営む高齢者が増加している．

### 3.2.3　家族の多様化

#### a.　法律婚と事実婚・パートナー関係

現行民法では届出婚主義を採用しているため，法的な婚姻には役所に婚姻届を提出し受理されることが必要である．この過程を経た結婚の形態を法律婚という．一方，婚姻届を提出しないまま，事実上夫婦として共同生活を営む結婚の形態を事実婚という．事実婚の数を示す統計資料は存在しないが，多様な家族に対する社会的な寛容性が高まる中で，近年，注目される存在になりつつある．

欧米では 1960 年代後半以降，法律婚によらないパートナー関係を積極的に選択する人々が増加した．1999 年にフランスで導入された民事連帯契約（PACS；Pacte Civil de Solidarité）は，成年に達した 2 人の個人が安定した共同生活を営むために交わす契約であり，男女のカップルと同性カップルの両方が利用できる（大島，2016）．契約の解消が容易であるなど婚姻よりも制約が少ないうえ，所得税の優遇措置や介護休暇など婚姻と同等の優遇措置を受けることができる．なお，フランスでは 2013 年には「みんなのための結婚法」が成立し（テリー，2019），同性カップルに結婚の自由が認められている．

現在，日本では介護保険法，育児・介護休業法，児童扶養手当法などの法律においては，事実婚のカップルについて法律婚に準ずるものとしてその権利と義務を認めている．

#### b.　パートナーシップの変化

日本では 1970 年代半ば以降，高度経済成長期に構築された性別役割分業にもとづく規範的家族から外れる家族が目立ち始めた．こうした動きはライフコースの多様化とパラレルである．既婚女性の労働力率は上昇し，2000 年以降，ともに雇用者の夫婦からなる共働き世帯数は，雇用者の夫と非就業の妻からなる専業主婦世帯数を超え，今日，両者の懸隔は一層拡大している．

### 3.2.4　新たな生活のしくみづくりに向けた動き

　これまで述べてきたように，今日，人々のライフコースは多様化しており結婚により家族を形成することが当たり前ではなくなりつつある．世帯の小規模化が進み，事実婚やひとり親家庭など従来の規範的家族の枠組みから外れる家族も増えている．さらに近年では，男女の性愛や血縁関係をも超えたところに，従来の家族的機能を代替する新たな生活組織が形成され始めている．

　新たな生活のしくみづくりのためには，個人の尊重に立脚した国内外のいくつかの条約や法制度の示す基本理念が参照基準となろう．1979 年に国際連合で採択された女性差別撤廃条約は，男女の完全な平等の達成に貢献することを目的に，女性に対するあらゆる差別を撤廃することを基本理念としている．家族関係の条項についても男女同等の権利の確保と女性の個人としての尊重を規定したきわめて重要な条約である．子どもについては，1989 年に国連で採択された子どもの権利条約で，子どもの意見表明権など，子どもを権利行使の主体として位置づけるとともに，親の虐待・放任から保護される権利など，子どもを個人として尊重する意思が強く示されている．さらに，2000 年にわが国で施行された介護保険法は，要介護の当事者が尊厳を保持し，その能力に応じ自立した日常生活を営むことができるよう，国民の共同連帯の理念にもとづく介護保険制度を設け，当事者の尊厳をうたっている．こうした理念を広く共有するとともに，その理念の実体化に向けて，個人が尊重される生活の組織づくりと，そのための基盤づくりがこれからの社会には求められる．　　　　　　　　　　　　　〔佐藤裕紀子〕

## 文　　　献

アリエス，P. 著，杉山光信・杉山恵美子訳（1980）『〈子供〉の誕生—アンシャン・レジーム期の子供と家族生活—』みすず書房［原著 1960］

Burgess, E. W. and Locke, H. J.（1945）"*The family: from institution to companionship*" American Book

エルダー，グレン・H. 著，本田時雄・川浦康至・伊藤裕子・池田政子・田代俊子訳（1986）『大恐慌の子どもたち—社会変動と人間発達』，明石書店［原著 1974］

石川　実（1997）「家族の形態と機能—核家族化と潜在的機能ストレス—」石川実編『現代家族の社会学』pp.56-75，有斐閣

岩上真珠（2007）『ライフコースとジェンダーで読む家族 改訂版』有斐閣

釜野さおり（2017）「同性愛・両性愛についての意識と家族・ジェンダーについての意識の規

定要因」『家族社会学研究』**29**（2），200-215

上子武次（1981）「日本の家族」上子武次・増田光吉編『日本人の家族関係』p.17，有斐閣

菊地真理（2018）「ステップファミリー」日本家政学会編『現代家族を読み解く 12 章』pp. 76-77，丸善出版

厚生労働省（2018）平成 30 年「国民生活基礎調査」

マードック，G. P. 著，内藤莞爾監訳（1979）『社会構造―核家族の社会人類学―』，新泉社［原著 1949］

宮坂靖子（2018）「家族についての定義，FI ／主観的家族」日本家政学会編『現代家族を読み解く 12 章』pp.2-3，丸善出版

森岡清美・望月　崇（1997）『新しい家族社会学　四訂版』培風館

内閣府（2019a）『国民生活に関する世論調査』

内閣府（2019b）『令和元年版　少子化社会対策白書』

野沢慎司（2017）「家族社会学からみた現代の家族」『総研所報』No.13，2-27

落合恵美子（1997）『新版 21 世紀家族へ―家族の戦後体制の見かた・超えかた』有斐閣

奥山恭子（2014）『家族の法　親族・相続（第 2 版）』不磨書房，pp.31-37

大島梨沙（2016）「フランス・ベルギー」棚村政行・中川重徳編著『同性パートナーシップ制度―世界の動向・日本の自治体における導入の実際と展望』pp.39-64，日本加除出版

パーソンズ，T.・ベールズ，R. F. 著，橋爪貞雄・高木正太郎・山村賢明・溝口謙三・武藤孝典訳（1981）『家族―核家族と子どもの社会化』，黎明書房［原著 1956，訳書新装版 2001］

ラウントリー，B. S. 著，長沼弘毅訳（1943）『最低生活研究』高山書院［原著 1901］

社会保障・人口問題研究所（2020）「人口統計資料集　2020 年版」http://www.ipss.go.jp/ syoushika/tohkei/Popular/Popular2020.asp?chap=0（2020 年 4 月 17 日閲覧）

嶋崎東子（2010）「参加と協働でつくる生活経営組織の事例」（社）日本家政学会生活経営学部会編『暮らしをつくりかえる生活経営力』pp.93-101，朝倉書店

テリー，イレーヌ著，石田久仁子・井上たか子訳（2019）『フランスの同性婚と親子関係―ジェンダー平等と結婚・家族の変容』明石書店

上野千鶴子（1994）『近代家族の成立と終焉』p.5，岩波書店

山田昌弘（1989）「家族の定義をめぐって―ネコは家族か？―」江原由美子・長谷川公一・山田昌弘・天木志保美・安川一・伊藤るり『ジェンダーの社会学―女たち／男たちの世界―』pp.96-100，新曜社

山田昌弘（1994）『近代家族のゆくえ―家族と愛情のパラドックス―』p.172，新曜社

山根真理（2018）「ジェンダーをどう捉えるか」日本家政学会編『現代家族を読み解く 12 章』p.62，丸善出版

山根常男（1996）「人間にとって家族とは」山根常男・玉井美知子・石川雅信編著『わかりやすい家族関係学―21 世紀の家族を考える―』pp.1-28，ミネルヴァ書房

# 第4章　家族に関わる法律

## 4.1　民法における家族に関わる規定

　家族に関する法律（家族法）は，おもに民法の親族編と相続編に規定されている．民法は5編から構成され，第1編「総則」，第2編「物権」，第3編「債権」は財産法と呼ばれる．第4編「親族」が夫婦や親子に関する家族的身分を扱う親族法であり，第5編「相続」がこれにもとづいて発生する相続関係を定めている．以下，夫婦関係，親子関係，そして扶養と相続を中心に現在の規定を確認する．

### 4.1.1　夫婦関係についての法律

　「結婚」は単に男女が夫婦となることを意味する一般的な言葉であるのに対して，「婚姻」とは，国が夫婦として認めた関係について法的な保護を与えるものである．したがって婚姻は「法律婚」とも称される．法的に保護される夫婦として認められるには一定の条件が必要であり，① 当事者間に婚姻するという合意があり，② 婚姻の届け出を提出し，受理されることである（届出婚主義）．

　婚姻についての民法の規定は，日本国憲法の基本的人権の尊重（第13条），法の下の平等（第14条），ならびに第24条の家庭における個人の尊厳と両性の本質的平等の理念に基づいて規定されている（表4.1）．婚姻は両性の合意のみに基づいて成立すること，夫婦が同等の権利を有することが規定され，婚姻および家族に関する法律は，個人の尊厳と両性の本質的平等に立脚して制定されなければならないことが規定されている．憲法において，婚姻は本人以外の介入を否定し，個々人の決定を尊重するという理念を強く打ち出しているのである．

　民法上のおもな規定を確認すると，婚姻適齢（第731条），重婚の禁止（第732条），再婚禁止期間（第733条），近親婚の制限（第734条）などである．な

**表4.1** 家族法に関連する日本国憲法の条文

| 第13条<br>基本的人権の尊重 | すべて国民は，個人として尊重される．生命，自由及び幸福追求に対する国民の権利については，公共の福祉に反しない限り，立法その他の国政の上で，最大の尊重を必要とする． |
|---|---|
| 第14条<br>平等権 | すべて国民は，法の下に平等であって，人種，信条，性別，社会的身分又は門地により，政治的，経済的又は社会的関係において差別されない．（以下略） |
| 第24条<br>家庭における個人の尊厳と両性の本質的平等 | ① 婚姻は，両性の合意のみに基いて成立し，夫婦が同等の権利を有することを基本として，相互の協力により，維持されなければならない．<br>② 配偶者の選択，財産権，相続，住居の選定，離婚並びに婚姻及び家族に関するその他の事項に関しては，法律は，個人の尊厳と両性の本質的平等に立脚して，制定されなければならない． |

お，かつて養子と養親の関係にあった者やかつての婚姻相手の親との婚姻などは，血縁がなくても婚姻が禁止されている（第735，736条）．

　婚姻が成立すると夫婦は家族関係においても財産関係においても互いに密接な関係となる（表4.2）．第一に夫婦は夫の氏か妻の氏か，どちらかを共通に使用する（第750条）．いわゆる「夫婦同氏の原則」である．第二に，同居・協力・扶助義務（第752条），および貞操義務（第770条1項）が生まれる．夫婦であれば，同居し，互いに協力し，配偶者が自分と同程度の生活ができるよう経済的に援助することや，配偶者以外の者と性的関係をもたないことは社会的・道徳的に当然の義務として一般にとらえられているが，この考えが条文に示されている．第三は夫婦間に生まれた子の身分である．生まれた子は嫡出子とされ（第772条），父母の氏を称し，成年に達するまで父母の親権に服する（第818条1項）．第四は親族関係の発生である．配偶者の三親等内の血族との間に姻族関係が生まれることとなり，相互に権利・義務関係が生ずる（第725，730，877条）．第五は夫婦間に一定の財産関係が生じることである．婚姻費用の分担，日常家事債務の連帯，夫婦財産制などである（第760～762条）．これらの条文は夫婦の協同生活ひいては家庭生活が円滑に営まれることをめざして規定されており，夫婦が周囲との関係においてどのような法律上の保護を受けるのかを表している．

　法律上有効に成立した婚姻（法律婚）関係を解消する手段が離婚であり，手続き方法として協議・調停・審判・裁判（和解・認諾・判決）がある．裁判所での手続きを経なければならない諸外国に比べて，日本は夫婦の合意によって離婚が成立する．これが協議離婚であり，届出のみで成立する簡便な方法として離婚件数の約9割を占めている．しかし，夫婦間の合意がない場合や，離婚の意思が合致していても夫婦間の財産関係や子に関する問題（親権，養育費）のため協議離

**表 4.2**　夫婦に関する民法の規定

| 第 731 条<br>婚姻適齢 | 男は満 18 歳，女は満 16 歳に達していること（ただし，2022 年 4 月 1 日より婚姻年齢は男女とも満 18 歳） |
|---|---|
| 第 732 条<br>重婚の禁止 | 配偶者のある者は，重ねて婚姻できない |
| 第 733 条<br>再婚禁止期間 | 女性は，前婚の解消または取り消しから起算して 100 日を経過した後でなければ再婚できない |
| 第 734 条<br>近親者間の婚姻の禁止 | 直系血族または三親等内の傍系血族間は結婚できない |
| 第 737 条<br>未成年者の婚姻 | 未成年の子が婚姻をするには，父母の同意を得なければならない（ただし，2022 年 4 月 1 日より成年年齢を 20 歳から 18 歳に引き下げることに伴い，この条文は削除） |
| 第 739 条<br>婚姻の届出 | 婚姻は，戸籍法の定めるところにより届け出ることによって，その効力を生ずる |
| 第 750 条<br>夫婦の氏 | 夫婦は，婚姻の際に定めるところに従い，夫または妻の氏を称する |
| 第 752 条<br>同居，協力および扶助の義務 | 夫婦は同居し，互いに協力し扶助しなければならない |
| 第 760 条<br>婚姻費用の分担 | 夫婦は，その資産，収入その他一切の事情を考慮して，婚姻から生ずる費用を分担する |
| 第 761 条<br>日常家事債務の連帯 | 夫婦の一方が日常の家事に関して第三者と法律行為をしたときは，他の一方は，これによって生じた債務について，連帯してその責任を負う |
| 第 762 条<br>夫婦間における財産 | ①夫婦の一方が婚姻前から有する財産および婚姻中自己の名で得た財産は，その特有財産（夫婦の一方が単独で有する財産）とする<br>②夫婦のいずれに属するか明らかでない財産は，その共有に属するものと推定する |
| 第 770 条<br>裁判上の離婚 | 夫婦の一方は，次に掲げる場合に限り，離婚の訴えを提起することができる<br>①配偶者に不貞な行為があったとき（以下略） |
| 第 772 条<br>嫡出の推定 | ①妻が婚姻中に懐胎した子は，夫の子と推定する<br>②婚姻の成立の日から 200 日を経過した後または婚姻の解消もしくは取消しの日から 300 日以内に生まれた子は，婚姻中に懐胎したものと推定する |

　婚が成立しない場合もある．その場合，家庭裁判所での調停，調停が成立しなければ審判，審判に異議があれば訴訟を起こし裁判離婚へと進む．

　民法上の裁判離婚は，不貞，虐待，遺棄など一定の有責行為の存在によって認められるという「有責主義」の規定であるが，1987 年 9 月 2 日の最高裁判決で，夫婦関係の破綻という理由によって離婚を認める「破綻主義」の原則を採用し

た．有責配偶者からの離婚請求であっても（1）長期間の別居があり，（2）未成
熟子がおらず，（3）相手方配偶者が離婚によって苛酷な状況に置かれない，とい
う事情があれば離婚を認めるとしたのである．

　離婚によって夫婦の関係が解消されると，再婚の自由をもつこととなるが，女
性には 100 日の再婚禁止期間が設けられている．夫婦の氏に関しては，婚姻相手
の氏を称した者は元の氏に戻るが（離婚による復氏），届け出ることにより婚姻
中の氏をそのまま称することができる（婚氏続称）．また，夫婦財産制や日常家
事債務の関係，扶養関係や相続権もなくなる．未成年の子がいる場合は，離婚に
際してどちらが親権者になるか決めなければならない．婚姻中は夫婦共同で親権
を行使するが（共同親権の原則．第 818 条），離婚により，一方のみを親権者と
定め（単独親権）子の監護などの責任者を明確にしなければならない．親権者と
ならなかった親に対して，面会交流権が認められている（第 766 条）．

## 4.1.2　親子関係

　誰が親なのかという前提に対し，母については分娩の事実によって定めること
ができるが，父については定めることが難しい．そこで民法は父の確定の手段を
婚姻に求め，母の配偶者が子どもの父であるとし，婚姻関係にある夫婦から生ま
れた子は「嫡出子」とした．婚姻中に妊娠した子どもは夫の子どもと推定し（第
772 条），婚姻成立日（婚姻届受理日）から 200 日後，または婚姻解消（離別ま
たは死別）から 300 日以内に生まれた子は婚姻中に妊娠したと推定した（「嫡出
推定」）．嫡出推定は子の地位の安定のためには有益であるが，離婚の日から 300
日以内に早産などで再婚相手との間の子が生まれた場合，規定通りであれば前夫
の子とされてしまう．無戸籍者の原因となる「離婚後 300 日問題」として社会問
題化したため，2007 年，「懐胎時期に関する証明書」とともに届け出ることによ
って再婚後の夫の子とする救済策が設けられた（法務省，2007）．

　子どもの親は必ずしも実の親でなければならないというわけではない．「養子
制度」は血縁にない者同士の間に，人為的に血縁関係にある親子と同じ法律関係
を与える制度であり，「普通養子縁組」と「特別養子縁組」がある．

　普通養子縁組は当事者の意思と届出によって成立する．未成年者を養子とする
場合は，子の福祉の観点から家庭裁判所の許可が必要である．普通養子縁組が成
立しても実親との親子関係は終了せず，実親との親族関係や扶養・相続の関係に
も何の変化もない．また，縁組を解消することも可能である．

　特別養子縁組は養子をできるだけ実子に近づけようとする制度であり，家庭裁
判所の審判によって成立する．養親になれるのは 25 歳以上の夫婦とされ，子の
年齢も原則 15 歳未満とされている．縁組成立は実親による養育が著しく困難で
あるまたは不適切であるなどの特別な事情や，養親による 6 ヶ月以上の養育期間
の状況などによって総合的に判断される．特別養子縁組が成立すると実親との親
子関係は終了する．戸籍の記載も実子同様とされ，実父母に関する戸の記載は
なされない．また，特別養子縁組の離縁は厳しく制限されている．

　親の負うべき権利義務は「親権」として定められている．未成年の子（民法改
正で 2022 年から成年年齢を 20 歳から 18 歳に引き下げることに伴い，18 歳未満
を未成年とする）はその父母の親権に属する（第 818 条）．親権は「身上監護権」
と「財産管理権」に大別される．「親権を行う者は，子の監護及び教育をする権
利を有し，義務を負う」と 820 条に身上監護権の一般原則が示され，居所指定
権，懲戒権，職業許可権が含まれる．懲戒権のあり方については議論の対象とな
っている．財産管理権として，民法では，親権者が子どもの財産を管理し，か
つ，その財産取引の代表権をもつことを認めている（第 824 条）．

　親権の濫用があったり，著しい不行跡があったりした場合には親権喪失の宣告
を受けることがある．また，財産管理が悪く子どもの財産を危うくした場合など
は管理権喪失の宣告を受けることもある．しかし，親権や管理権喪失の宣告はき
わめて重大処分であるため，その処分にいたる前の制度として親権停止制度（最
長 2 年間）が創設された．

### 4.1.3　扶養と相続

　夫婦間の扶養義務および未成熟子に対する親の扶養義務は「生活保持義務」と
され，相手の生活を自己の生活の一部として自分と同程度の水準の生活を保持す
べきとされている．それに対して子の老親に対する扶養義務や兄弟姉妹間の扶養
義務は，自己に余力がある範囲内で相手を援助するべきとされ，「生活扶助義務」
と称され区別される（二宮，2005）．

　民法では一定の親族関係にある者は互いに扶養すべきものとしている（私的扶
養）が，扶養の順位，方法，程度などは当事者間に委ねられており（白紙条項），
協議が調わない場合，扶養を必要とする人が生活に困窮する事態も生じる．

　私的扶養ができない場合，国は社会保障制度をもって扶養を必要としている人
の生活を支えなければならない．これが「公的扶養」であり，日本国憲法第 25

条（生存権）により「生活保護法」が制定されている．私的扶養が公的扶養に優先する（私的扶養優先の原則）とはいえ，少子高齢社会において，私的扶養と社会保障制度の密接な連携が焦眉の課題である．

　死亡した者の財産上の権利と義務を一定範囲の親族が受け継ぐことを相続という．配偶者は常に相続人となるが，相続割合（法定相続分）は相続人の組み合わせによって異なる．遺言によって相続人や相続分を指定することができるが，相続財産の一部は必ず法定相続人に残さねばならず，これを「遺留分」という．

　家業を手伝ったり扶養や介護をしたりなど，財産の維持や増加に貢献した場合，その分を考慮に入れて相続分が計算されることがある．これを「寄与分」という．また，相続は放棄することも可能である．

　家族関係が多様化・複雑化する今日，当事者の意思を尊重し相続紛争を回避するためにも遺言制度の活用が重要である．　　　　　　　　　　〔岡部千鶴〕

## 4.2　民法改正の経緯

### 4.2.1　明治民法から現行民法へ

　前節で確認した通り，家族に関する法律は，民法の親族編と相続編により規定されている．日本の民法は明治時代に編纂された．明治政府は 1890 年にフランス民法典を参考にした「民法」（旧民法）を公布したが，論争（民法典論争）が生じて施行が延期された．1893 年に新たな民法編纂の作業が行われ，民法のうち財産法（総則，物権，債権）の部分は 1896 年に公布，1898 年に親族編と相続編が公布，施行された（明治民法）．明治民法は，家族を統率する「戸主」を定め，「戸主」の地位の継承である家督相続により，過去から未来へと継承される「家」の維持・存続を図ることをめざした．家督相続は男子優先，長子優先で定められ，戸主には大きな権限が与えられた（福尾，1972）．

　第二次世界大戦後，日本は民主主義国家となり，1947 年に施行された日本国憲法には，表 4.1 のように，基本的人権の尊重（第 13 条），平等権（第 14 条），家庭生活における個人の尊厳と両性の本質的平等（第 24 条）が明記され，人権を尊重した男女平等の家族（コラム参照）が示された．明治民法の親族編および相続編については，新憲法の理念に抵触する家制度にもとづく家族の概念を民主的なものにするため，戸主の制度を廃止するなど全面的な改正が行われ，憲法の基本原則に則った現行民法が 1947 年に公布，1948 年に施行された（利谷，

表 4.3　明治民法と現行民法

| | 明治民法（1898 年施行） | 現行民法（1948 年施行） |
|---|---|---|
| 家 | 「家」の尊重，戸主の権限は絶対 | 「個人」の尊厳と両性の本質的平等 |
| 婚姻・夫婦 | ・戸主の同意が必要<br>・男 30 歳，女 25 歳未満は親の同意が必要．男 17 歳，女 15 歳で婚姻できる<br>・妻は夫の「家」に入り，夫（家）の氏を称する | ・未成年者は親の同意が必要<br>・男 18 歳，女 16 歳で婚姻できる（2022 年より成年年齢の 18 歳への引下げとともに，婚姻年齢は男女とも 18 歳）<br>・夫または妻の氏を称する |
| 親　子 | 親権者は父 | 親権は父母の共同行使 |
| 相　続 | 家督：跡取り（おもに長男）の単独相続<br>遺産（戸主以外の者の相続）：子どもの均分相続 | 配偶者と子（子がいない場合は親，親もいない場合は兄弟姉妹）の分割相続 |

2010).

---

■ ▶コラム　日本国憲法に「男女平等」を書いたベアテ・シロタ

　ベアテは東京音楽学校（現東京藝術大学）で教鞭をとったピアニストの父とともに日本で 5〜15 歳まで生活し，アメリカのタイム誌に勤務した後，戦後の日本で連合国軍最高司令官総司令部（GHQ）の通訳となり，1946 年の日本国憲法 GHQ 草案の人権条項作成に 22 歳で関与した女性である．語学力を駆使し，諸外国憲法を参考に家庭における個人の尊厳と両性の本質的平等，教育の平等などの草案を起草し民主的家族形成と教育に寄与した（シロタ＝ゴードン・平岡，2016）．

## 4.2.2　戦後の民法改正

　戦後，家族関係をめぐる社会情勢の変化や平等原則の観点から，家族法は改正が重ねられている．おもな改正概要は表 4.4 のとおりである．

　夫婦に関する法律の改正では，婚氏続称制度，再婚禁止期間の短縮，女性の婚姻年齢の引上げがあった．婚姻可能な年齢は，明治民法では男が 17 歳，女が 15 歳であったが，現行民法では男が 18 歳，女が 16 歳に引き上げられた．その後，男女平等の観点と複雑化した現代社会に鑑みて，婚姻は 18 歳に達していることが必要であるとして，成年年齢の 20 歳から 18 歳への引下げ（2018 年公布，2022 年施行）と同時に，女性の婚姻年齢も 18 歳となり，男女の差がなくなった．

　親子に関する法律の改正では，特別養子制度，親権停止制度の創設（親権喪失・親権停止の請求者に子ども本人を追加），離婚の際に協議で定める事項とし

表 4.4 家族に関するおもな民法改正

| 成立年 | 改 正 | 概 要 |
|---|---|---|
| 1976 | 婚氏続称制度（767条） | 婚姻時に改姓した夫または妻は，離婚後は婚姻前の氏に戻るとの規定に，届出で婚姻中の氏を称することができるとの規定を追加 |
| 1980 | 配偶者相続分引上げ（900条） | 配偶者の相続分を3分の1から2分の1に引上げ |
| 1987 | 特別養子制度（817条の2～11） | 実親との関係が継続する普通養子に対し，実親との関係が終了する養子縁組．戸籍記載は実子とほぼ同様 |
| 1999 | 成年後見制度（843条，7条） | 認知症などにより判断能力が十分でない者の意思を尊重しつつ，その生活と財産を保護する制度 |
| 2011 | 親権停止制度（834条の2） | 虐待する親から子どもを守るために，最長2年間，親の親権を停止する制度．親権喪失，親権停止の請求は，子の親族または検察官，児童相談所長に加えて，子ども本人，未成年後見人，未成年後見監督人も申立てができる |
| 2011 | 離婚後の面会交流と養育費分担（766条） | 離婚後の子の福祉を図るため，離婚の際に父母が協議で取り決める事項として，面会交流や養育費の分担が条文に明確化 |
| 2013 | 非嫡出子相続分差別撤廃（900条） | 非嫡出子の相続分は嫡出子の2分の1という規定を削除 |
| 2016 | 再婚禁止期間の短縮（733条） | 子どもの父親推定の関係で，女性だけに設けている離婚後の再婚禁止期間を6ヶ月から100日に短縮 |
| 2018 | 成年年齢の引下げ*（4条） | 一人で有効な契約をすることができる年齢であり，親権に服することがなくなる年齢でもある成年年齢を20歳から18歳に引下げ |
| 2018 | 女性の婚姻年齢の引上げ*（731条） | 女性が婚姻できる年齢を16歳から18歳に引き上げ，男女同年齢とした |
| 2018 | 相続法の見直し（903条など） | 配偶者居住権の創設，自筆証書遺言の方式要件の緩和，特別寄与制度の創設など |
| 2019 | 特別養子制度の見直し（817条の5） | 特別養子となることができる子の年齢要件を原則6歳未満から原則15歳未満に引上げ |

*2022年施行

ての面会交流と養育費分担の明確化，成年年齢の引下げが行われた．成年年齢の引下げは，若者の自己決定権を尊重するものであり，積極的社会参加を促すものと期待されている．

相続法の改正では，配偶者相続分の引上げ，非嫡出子の相続分差別撤廃があった．2018年には，高齢化に伴い，高齢の配偶者の相続での保護の必要性から配偶者居住権の創設などの改正があり，自筆証書遺言をめぐる紛争を予防して利用しやすくするために，自筆証書遺言を法務局で保管する制度が創設された．

## 4.3　これからの民法の動き

　社会情勢の変化に伴い家族法は改正されてきているが，家族形態の多様化，国際化などから今後も家族法の見直しが求められている．

### 4.3.1　夫婦・パートナーシップに関する法律

　婚姻を届ける際に 9 割以上の夫婦が夫の氏を選択している状況の下，夫婦同氏を強制する民法の規定は女性に不平等であり，夫婦同氏にするか，別氏にするかを夫婦が選択できる選択的夫婦別氏制度の導入を求める声は強い．夫婦同氏を定める民法第 750 条について，2015 年に最高裁判所は合憲の判決を出している（最高裁判所，2015）．政府では，1996 年に法制審議会が選択的夫婦別氏制度の導入などを内容とする答申を出しているが，法案提出はされていない．現行制度の違法性を主張する訴訟などから議論が盛んになっている．

　同性婚については，憲法第 24 条では「婚姻は両性の合意のみに基づいて成立」とあり，民法では「夫婦」と記載され，同性婚が認められるのか否かの議論がある．日本では，同性パートナーシップ制度を 2015 年に東京都渋谷区と世田谷区が導入し，自治体レベルで同性カップルの容認が推進されている．欧米諸国では 2000 年のオランダを皮切りに同性婚の法制化が推進されている（藤戸，2018）．同性婚を法的に認めるべきとする議論は日本でも盛んであるが，政府は家族のあり方に深く関わるとして，2020 年 4 月時点では具体的な検討段階に入っていない．

### 4.3.2　親子に関する法律

　母子関係と父子関係の推定は，4.1 節で説明したとおりであるが，夫または前夫以外の男性との間で母親が子を出産した場合，母親が出生の届出を行わないことがあり，その場合に子どもが無戸籍となり人権問題が生じている．現行民法では，夫または前夫の子の推定を取り消す訴訟は，夫または前夫のみが提起できるため，子や母親にもその提訴権を認めるべきであるとの議論がある（平田，2019b）．また，生殖補助医療が発達し，夫婦間人工授精，第三者間人工授精のほか，外国では代理懐胎も実施されている．現行民法では，生殖補助医療を想定した父子・母子関係の決定に関する規定はなく，生殖補助医療とあわせて法整備

が必要との議論がある. 児童虐待については, 2019 年に児童虐待防止法が改正され, 親権者による「体罰」を禁止する規定が設けられた. さらに民法の懲戒権の規定 (第 822 条) が親権者の「しつけ」として虐待の口実に使われるとの批判があり, 「懲戒権」の削除などが議論されている. 離婚後の子の養育については, 2019 年の民事執行法の改正により, 養育費を命じる判決を得た者は強制執行に必要な支払義務者の財産の情報 (勤務先情報など) を取得しやすくなった. 国際間での子の引渡しについては, 子を元の居住国に返還することを原則とするハーグ条約の実施法が 2013 年に成立した. さらに, 現行法では離婚後は父母のいずれかが単独親権者となるが, 双方が親権者となる共同親権の導入の議論がある.

### 4.3.3 戸籍制度

戸籍は, 日本国民の国籍とその親族的身分関係を登録し, 公証する制度である. 戸籍簿には, 出生, 婚姻, 養子縁組, 死亡の事項が記載され, 夫婦とその子が基本的な編成単位である. 戸籍事務は, 市区町村で届書の受理と戸籍証明書の発行をしている. 2019 年の戸籍法改正で, 戸籍副本データ管理システムと全国市区町村のシステムとの連携が可能になり, 社会保障手続きでマイナンバーを利用した親族関係の確認ができ, 戸籍謄本などの提出を不要とすることが可能となった. 戸籍情報はマイナンバーとは直接結び付けられておらず, 個人情報の保護に配慮している (北村ほか, 2019a；2019b).

### 4.3.4 成年後見制度

成年後見制度は, 認知症, 知的障害などの精神上の障害により, 判断能力が十分でない者の意思を尊重し生活を保護するために, 家庭裁判所において成年後見人を選任する制度として 1999 年に成立した. 高齢化に伴う利用促進のため, 地方自治体が中核機関を設け, 専門職, 裁判所等との連携を図ることや, 成年後見人の不正行為を防止するためのしくみ (成年後見制度のための信託制度や預金制度を利用して, 大口の財産の使用に裁判所が関与することなど) の構築が図られている (平田, 2019a).

### 4.3.5 国際人権法との関係

家族法は基本的に人の身分関係を規律するため, 人権と深く関わる. 関係する国際人権法としては, 国連の 1948 年世界人権宣言にもとづき 1966 年に制定され

た国際人権規約がある．日本は 1979 年にこれを批准して締約国となり，取り組み状況を国連に報告し，人権委員会の審査を受けている．たとえば，子どもの権利委員会は 2019 年に，最低婚姻年齢を男女とも 18 歳と定めた民法改正を評価している（国連子どもの権利委員会，2019）．女性差別撤廃委員会は，夫婦同氏を定める民法の規定について，2003 年以来繰り返し是正の勧告を出している（国連女性差別撤廃委員会，2016）．

## 4.4　家族問題の解決のための公的機関・民間団体

　家族法に関わる問題の解決が困難な場合は，家庭裁判所の家事手続案内で手続の相談をし，深刻な場合は家事調停の申し立てをして，専門家を交えた当事者同士の話し合いをすることが解決に有効である．家庭裁判所の判断（審判など）での解決もある．1949 年に設置された全国 50 ヶ所の家庭裁判所では，それぞれの事件に裁判官，調停委員（ケースにより家庭裁判所調査官）が関わり，関係者のプライバシーを保護して解決に向けた話し合いをする．その他，家族問題に関連する法律と解決のための公的機関，民間団体を表 4.5 に示す．

表 4.5　家族問題解決のためのおもな公的機関・民間団体と関連する法律

| 家族問題 | 解決のためのおもな公的機関・民間団体 | 関連する法律 |
|---|---|---|
| 家族問題全般 | 民生委員・児童委員（生活に関する相談）<br>社会福祉協議会（地域の福祉サービス相談）<br>家族問題情報センター（相談と支援）<br>法テラス（日本司法支援センター）<br>家庭裁判所（家事手続案内・調停申し立て）<br>法務局（登記・戸籍・人権擁護など） | 社会福祉法<br>民法 |
| 男女関係・配偶者関係 | 男女共同参画（女性）センター（相談と支援）<br>警察（暴力などからの避難）<br>配偶者間暴力相談支援センター（相談と支援） | 男女共同参画社会基本法<br>ストーカー防止法<br>DV（配偶者間暴力）防止法 |
| 子ども・子育て関係 | 自治体労働局（育児介護休業などの相談）<br>児童相談所（子どもの相談と支援・189 通報）<br>子どもの人権 110 番（相談・0120-007-110）<br>チャイルドライン（18 歳までの電話相談） | 育児介護休業法<br>児童福祉法・児童虐待防止法<br>いじめ防止対策推進法<br>子どもの貧困対策推進法 |
| 高齢者関係 | 地域包括支援センター（高齢者の相談と支援）<br>家庭裁判所（法定後見）公証役場（任意後見） | 高齢者虐待防止・養護者支援法<br>成年後見制度利用促進法 |

〔小野瀬裕子〕

# 文　献

堂薗幹一郎（2018）「民法及び家事事件手続法の一部を改正する法律の改正の概要（相続法制の見直し）」『法律のひろば』71（12），4-12

藤戸敬貴（2018）同性カップルの法的保護をめぐる国内外の動向―2013 年 8 月～2017 年 12月，同性婚を中心に―，国立国会図書館レファレンス，No.805，65-92

福尾猛市郎（1972）『日本家族制度史概説』吉川弘文館

平田晃史（2019a）「『成年後見における預貯金管理に関する勉強会報告書』の概要」『実践成年後見』No.78，3-11

平田晃史（2019b）「嫡出推定制度を中心とした親子法制の動向」『NBL』No.1137，33-34

法務省（2007）「婚姻の解消又は取消し後 300 日以内に生まれた子の出生の届け出の扱いについて」www.moj.go.jp/MINJI/minji137.html（2020 年 4 月 19 日閲覧）

北村治樹・遠藤啓佑・櫻庭　倫（2019a）「戸籍法の一部を改正する法律の概要（1）」『戸籍』No.972，1-20

北村治樹・遠藤啓佑・櫻庭　倫（2019b）「戸籍法の一部を改正する法律の概要（2）」『戸籍』No.973，1-24

国連子どもの権利委員会（2019）「日本の第 4 回・第 5 回統合定期報告書に関する総括所見」https://www.nichibenren.or.jp/library/ja/kokusai/humanrights_library/treaty/data/soukatsu_ja.pdf（2020 年 6 月 17 日閲覧）

国連女性差別撤廃委員会（2016）「日本の第 7 回・第 8 回合同定期報告に関する最終見解」http://www.gender.go.jp/kaigi/danjo_kaigi/siryo/pdf/ka49-2-2.pdf（2020 年 6 月 17 日閲覧）

二宮周平（2005）『家族法 第 2 版（新法学ライブラリー 9）』p.253，サイエンス社

最高裁判所（2015）「平成 27 年 12 月 16 日大法廷判決」（夫婦別姓訴訟最高裁判決；民集 69 巻8 号 2586 頁収録）https://www.courts.go.jp/app/files/hanrei_jp/546/085546_hanrei.pdf（2020 年 6 月 17 日閲覧）

笹井明昭・木村太郎・福崎有沙（2018）「成年年齢の引下げなどを内容とする民法一部改正法の概要」『NBL』No.1131，4-10

潮見佳男・中田邦博・松岡久和編（2017）『18 歳からはじめる民法 第 3 版』法律文化社

シロタ゠ゴードン，B. 著，平岡磨紀子構成・文（2016）『1945 年のクリスマス―日本国憲法に「男女平等」を書いた女性の自伝―』朝日新聞出版

副田隆重・浜村　彰・棚村政行・武田万里子（2017）『ライフステージと法 第 7 版』有斐閣

利谷信義（2010）『家族の法 第 3 版』有斐閣

## 第5章　生活と地域共生社会

## 5.1　生活を支える地域の取組み

### 5.1.1　地域社会における生活上の困難・課題

　公的サービスとしての福祉・保健・医療サービスがなければセーフティネット
は機能しないが，地域に根ざした多様な団体の協働による生活支援がなければ安
心で豊かな暮らしを継続することはできない（上野谷，2011）．持続可能な地域
コミュニティの形成は，私たちの生活を支えるうえで重要である．しかしなが
ら，人口減少社会における労働力不足，過疎・高齢化，少子化，限界集落，経済
格差・貧困，子育ての大変さ，一人暮らし・認知症高齢者の増加，孤立，自死，
買い物難民・介護難民などと呼ばれる状態，感染症拡大による影響など，地域社
会には生活上の課題が山積している．これらの生活上の困難は，家族や地域のつ
ながりの変化・脆弱化と関連しているといえよう．東日本大震災後の復旧・復興
もいまだ途上にあり，各地で自然災害が多発している中で，生活再建が遅れ，復
旧を阻んでいるのが，高齢化や人手不足など社会が抱える構造的な問題である．
　本節では，地域社会を支える基盤となる多様な主体による生活の協働・持続可
能性について検討する．そして次節で，地域において多様な人々が共生する暮ら
しの取組みとして，移住者，学生，障害者と地域の人々との関わり，子どもの育
ちと高齢者を支える地域の事例などを取りあげる．

### 5.1.2　多様な主体による生活の協働

　「力を合わせて物事を行う」という意味の言葉には，「共同」「協同」「協働」な
どの用語があるが，本章では，同じ目的のために協力して働くことを意味する
「協働」を用いる．地域社会において，生活上の困難・課題を少しでも解決する
ためには，助け合いの輪を広げていくことが不可欠である．そのためには，「多

様な主体」による生活の連携・協働が重要となる.「多様な主体」とは, 具体的
に, 行政, 住民, NPO (Nonprofit Organization, 民間非営利組織), 中間支援組
織・施設, 企業, 大学, 市民活動団体, 商店会, 町内会・自治会などの活動形態
や, ステークホルダー (企業・行政・NPO などの活動に関わる利害関係者) な
どの多様な担い手を示す. このような地域における住民, NPO, 企業などの民
間主体による活動形態は, 多様化・高度化し, 公共的価値を含む領域 (「多様な
主体による協働」) の範囲は広がっている (国土交通省「地方振興」). この潮流
をさらに進めて, 当該主体による地域経営や地域課題解決のシステム構築に向け
た活動環境整備を行うことが求められている.

　さらに国は, 制度・分野ごとの「縦割り」や「支え手」「受け手」という関係
を超えて, 地域住民や地域の多様な主体が,「我が事」として参画し, 人と人,
人と資源が世代や分野を超えて「丸ごと」つながることで, 住民一人ひとりの暮
らしと生きがい, 地域をともにつくっていく社会として「地域共生社会」の実現
を掲げている (厚生労働省, 2017). その中で改革の骨格として「地域課題の解
決力の強化」「地域を基盤とする包括的支援の強化」「地域丸ごとのつながりの強
化」「専門人材の機能強化・最大活用」の4点を示している (図5.1).

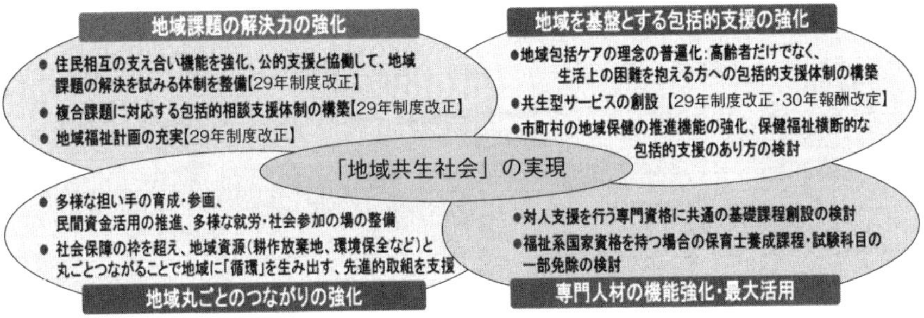

図5.1　「地域共生社会」の実現に向けての改革の骨格 (厚生労働省, 2017)

　諸外国に例をみないスピードで高齢化が進行している日本は, 高齢者の一人暮
らしや高齢者のみの世帯がより一層増加し, 団塊の世代が75歳以上となる2025
年以降, 国民の医療や介護の需要がさらに増加することが見込まれている. これ
らを背景に, 厚生労働省においては, 2025年をめどに, 高齢者の尊厳の保持と
自立生活の支援の目的のもとで, 可能な限り住み慣れた地域で, 自分らしい暮ら
しを人生の最期まで続けることができるよう, 地域の包括的な支援・サービス提
供体制 (地域包括ケアシステム) の構築を推進している.

　具体的事例をみてみよう．東京都世田谷区は，全国の自治体の中で「都市部での医療・介護・予防・生活支援・住まいの一体的な提供に関する取組」が「地域包括ケアシステム構築モデル例」として紹介されている．地域の資源やネットワークを区として最大限活用して，区内5地域（世田谷・北沢・玉川・砧・烏山）・27の日常生活圏域を基本としつつ，区全体で地域包括ケアシステム（図5.2）を構築している事例である．具体的には，地域包括ケアシステムの5つの要素（医療，介護，予防，住まい，生活支援）をバランスよく取り込んだ特徴的な取組みを行っている．「医療」では，世田谷区医療連携推進協議会による在宅医療推進，「介護」では，定期巡回・随時対応型訪問介護看護の利用・事業展開の推進，「予防」では，喫茶店・大学など社会資源の活用，買い物支援など社会参加を通じた介護予防のための高齢者の居場所と出番の創出，「住まい」では，認知症高齢者グループホームや社会資源などを有効活用した都市型軽費老人ホームなどの整備である．「生活支援」では，地域資源（空き家・空き部屋など）をうまく活用した地域活動（サロンやミニデイなど）の拠点整備（たとえば（一財）世田谷トラストまちづくり〈地域共生のいえ〉など），社会福祉協議会主体の生活支援サービスの提供（ふれあいサービス事業）や住民ボランティアの立ち上げ・運営支援である．NPO・事業者・大学・行政など約70団体が連携・協力

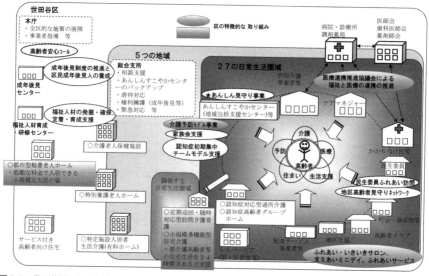

**図5.2**　世田谷区の地域包括ケアシステムのイメージ図（厚生労働省「地域包括ケアシステム構築モデル例」）

して，高齢者の社会参加の場や機会づくり，応援を行う「せたがや生涯現役ネットワーク」をつくるなど，社会参加を促進している．

このように全国の各自治体において「地域包括ケアシステム」の構築が推進されているが，いくつかの課題が指摘されている．1つには，「自助」「互助」の概念や求められる範囲，役割の新しいかたちが求められていること，2つ目に，都市部では，強い「互助」を期待することが難しい一方，民間サービス市場が大きく「自助」によるサービス購入が可能であること，都市部以外の地域は，民間市場が限定的だが「互助」の役割が大きいこと，3つ目に，少子高齢化や財政状況から「共助」「公助」の大幅な拡充を期待することは難しく，「自助」「互助」の果たす役割が大きくなることを意識した取組みが必要であることなどである（厚生労働省，2013）．これら時代や地域による違いを考慮しながらの，多様な主体の協働による地域の包括的な支援・サービス提供体制の構築が急務である．

### 5.1.3 地域共生社会における生活の持続可能性

前述の厚生労働省（2017）の「改革の骨子」に示されているように，地域共生社会を実現するためには，地域包括ケアの理念を普遍化し，高齢者だけでなく，生活上困難を抱える生活者の包括的支援体制が必要である．また，地域資源（耕作放棄地・環境保全など）と，「丸ごとつながる」ことで，地域に循環を促す．住民相互の支え合い機能を強化し，公的支援と協働して，地域課題の解決を試みる取組みが，安心で豊かな暮らしの持続可能性を高める．

地域共生社会実現のために，地域でのさまざまな生活の協働，地域活性化・地域おこし，互助的組織や起業，農林水産業（第一次産業）による地域活性化などさまざまな取組みがなされている．その取組みを推進していくためには，多様な主体によるプラットフォームが必要となる．

新しいプラットフォームの1つとして，多元的社会における共生と協働という目標に向かって地域社会とNPOの変化やニーズを把握し，人材，資金，情報などの資源提供者とNPOの仲立ちをしたり，広義の意味では各種サービスの需要と供給をコーディネートする中間支援組織（内閣府，2002）が欠かせない存在へと変化してきた．これら中間支援組織・施設は，財政面（市民ファンド，クラウドファンド），人的資源（プロボノ[1]など人材マッチング），ICTなどを活用した効果的な情報発信などにより，各主体の資源のコーディネートを行っている．

藤村（2013，p.22）は，Z. バウマンによる現代社会の人間関係として「連帯

や協力は生産されるものではなく，消費されるもの」になってしまったことをあげ，個人化が進むわれわれの時代は「連帯の消費」という問題に直面していることを指摘した．しかし，重要なことは「連帯が消費」されても，なおかつ多様な側面で多様な人々によって「連帯がその都度生産されうる」方法と市民的態度を模索していくところに課題があると述べている．また松村 (2011) は，「社会連帯を実現する仕組み」の必要性を述べている．上述した地域包括ケアシステムをはじめ，コミュニティのしくみづくり，地域課題解決のための連携・協働を促進するしくみづくりが社会連帯に繋がる．

　持続可能な生活をつくるためには，「自助」や「共助」ありきではなく，あるいは「公助」に依存するのでもなく，大前提として確固とした「公助」を社会のベースに築いたうえで，「自助」「共助」「公助」の組合せの中に都市と農村を含めた地域再生の可能性を求めていくこと（坂本，2017, p.169）が望まれる．地域社会における生活上の困難・課題を抱え，社会的に包摂されにくい生活者の存在に目を向け，その原因や社会的背景を共有し，課題解決をしていくという社会連帯の醸成がますます重要となっている．

〔粕谷美砂子〕

## 5.2 多様な人々の暮らしの場としての地域

### 5.2.1 「地域共生社会」への方向性

　「地域」という言葉は，さまざまな意味で使用される．特定の地域をさしていわれることがあれば，抽象的に用いられる場合もある．また，「地域」，「地域社会」，「コミュニティ」がほぼ同義に使われる傾向にある．ヒラリー (Hillery, G. A.) は 94 通りのコミュニティの規定を整理して，「地域性」(area) と「共同性」(common ties and social interaction) が最低限の共通項であることを発見した（濱島ほか，1977）．本節においては，「地域」を単に場所のみを示すものではなく，人がいて，人と人との交流，共同性があり，交流や共同性にもとづく生活がある場としてとらえることとする．

　少子人口減少社会が到来し，人口が減った自治体も数多い．その反面，近年は移住定住施策に熱心な自治体も数多い．障害者の地域移行という考え方も定着してきている．また，地縁・血縁の弱化がいわれる中，意識的にさまざまな人たちが関わり合いながら暮らせるしくみをつくろうという試みも拡大してきた．そこには，コレクティブハウジング[2]，コーポラティブハウジング[3]を始めとしたコ

ミュニティ機能をもった住まいなども含まれる（嶋崎，2013）.

5.1 節で述べた「地域共生社会」は，住民一人ひとりの暮らしと生きがい，地域をともにつくっていく社会である.「共生型地域福祉拠点」とは，高齢者，障害者，子どもなど支援を必要とする者が，地域の住民とともに集い交流し，お互いに支え，支えられながら，安心して生活することができる地域の構築を目指すものであり，地域包括ケアシステムの一翼を担うものである. 地域において住み続けるためには不可欠な考え方であり，取組みであるといえよう.

### 5.2.2 「地域共生社会」における共生の事例

#### a. シェア金沢

シェア金沢は石川県金沢市に 2014 年にオープンした，「世代や障害の有無を超えて，いろいろな人がつながり，地域社会づくりに参加する街」である. コンセプトは「ごちゃまぜの街づくり」であり，サービスつき高齢者住宅，アトリエつき学生向け住宅，児童入所施設など多様な人たちが「共生」している. シェア金沢を運営している社会福祉法人佛子園は戦災孤児を預かることから始まった法人であり，シェア金沢以外にも，福祉施設，温泉施設，飲食施設など，さまざまな福祉サービスを展開している（嶋崎ゼミナール，2017）.

敷地 1 万 1,000 坪，先述の住宅・施設以外に天然温泉，レストラン，デイサービスなどの地域の人が利用できるスペースもある（図 5.3）. 学童保育を行っており，放課後はいたるところで子どもが遊んでいる. また，駄菓子屋も近所の子

**図 5.3** シェア金沢の共用空間（筆者撮影）
地域の人々も利用できる共用空間. 左は自由にくつろげるロビー，中央の黒板は町会連合会関係者が自由に利用できる掲示板となっている. 奥にレストランがあり，手前の台では，産直野菜など地域のものが並べられ，購入することができる.

どもが多く利用しており，子どもと高齢者が自然につながることができる場所になっている．アルパカを飼育しており，障害をもった子どもが散歩させたり世話をしたりするという取組みもある．さらに，キッチンスタジオやライブハウスなど，居住者も地域の人も楽しめる活動ができる場も併設されている．居住している学生は，シェア金沢内のさまざまな施設でのアルバイトが可能であるなど，経済的負担が少なく生活できるような工夫もなされている．サービスつき高齢者住宅には東京近郊から移住してきた入居者が多い．まさに，地域の多世代の人々，学生，障害をもった人々，移住高齢者などが「共生」する場であり，皆が集まってくるようなしかけも豊富である先進的な取組みであると考える．

### b.　NPO 法人フレンズ

北海道上川郡比布町の NPO 法人フレンズは，北海道で推進されている「共生型地域福祉拠点」において，2017 年度に先進事例として紹介された．比布町は人口 3,817 人（2017 年）の小さな町で，過疎化が進んでおり，毎年約 50 人ずつ人口が減少している．基幹産業である農業は衰退しており，共生型農業による地域活性化を図るために，フレンズは障害者の雇用を進めている．いわゆる「農福連携」といわれる取組みである．農業の継続が難しい高齢農家が農業を継続するために，障害者を雇用したり，すでに離農地や休耕地となっているところを耕し農地を拡大したり，障害者に高齢者が高い農業技術やノウハウを伝授することで自尊心の向上や介護予防になることもめざしている．事業としては，トマトの栽培や加工品づくり，「ピピマルシェ」というパン屋でのパンの製造・販売，「ピピカフェ比布駅」でのパンや加工品販売とカフェの運営などを展開している．障害者総合支援法による就労継続支援 B 型として 2011 年に設立された「ワークサポートフレンズ」では，合計 20 人の障害者（精神障害者，知的障害者）を雇用している（亀海，2016）．2014 年オープンの「ピピマルシェ」，2016 年オープンの「ピピカフェ比布駅」ともに，地域に欠かせない店舗であり集いの場となっている．

### c.　札幌市地域子育て支援拠点多世代交流ひろば「ねっこぼっこのいえ」

「ねっこぼっこのいえ」とは，赤ちゃんからお年寄りまで誰でも気軽に集える地域の多世代型広場である．札幌市は，政令指定都市の中でも合計特殊出生率が常に低い．また，親世代との同居が少なく，かつ離婚率も高い家族状況から孤立した子育てになりやすい傾向にある．そのような事情を背景に，2007 年に幼稚園・教会の施設を活用してつくられたこの施設は，年間のべ 6,000 人以上が利用

している. 8 割が乳幼児親子であるが, 残り 2 割は小中学生, 若者やシニアなどである (小林, 2018).

活動としては, ひろば (多世代型子育てサロン) といわれる週 3 回 (昼), 月 1 回 (夜) の, 誰でも参加できるオープン型のものが中心であるが, 若者の居場所づくりをめざし 2014 年に始まった, 月 1〜2 回で対象者を限定した「ねっこアフター」も特筆すべきである. 近くの中学校のスクールソーシャルワーカーからの要請で, 不登校の子どもを受け入れたのがその始まりであり, 学校に戻った後も学習支援や進学相談のかたちでサポートし, ひろば終了後に月 1〜2 回程度, 仲間とご飯をつくって食べる活動も継続している. さらに大学などに進学した後には, ボランティアとして学習支援やその他の業務を手伝う卒業生も出てきている (小林, 2018).「支援される側」と「支援する側」を二分するのではなく, 多様な関わり方を可能にしている. 活動内容としても,「子ども食堂」や「学習支援」のようなシングルイシューのものではなく, 包括的な意味での居場所づくりとなっており, 今後のさまざまな居場所づくり活動の手本となるようなものであるといえるだろう.

### d. 厚真町豊丘地区「みらいファーム」

北海道の南西部, 太平洋に面する厚真町は苫小牧市のすぐとなりに位置し, 車で札幌市まで約 80 分, 新千歳空港までは約 35 分. 陸, 海, 空すべての交通アクセスに恵まれ, 東京へ日帰り往復が可能である. 町の南部, 浜厚真海岸は北海道屈指のサーフスポットであり, 年間約 6 万人のサーファーが集まる場所でもある. また, 雪国, 北海道の中でも厚真町のある胆振地区は最も降雪が少なく比較的温暖で暮らしやすい地域であり, 北海道暮らしの難点でもある除雪の心配が少なく, 夏は蒸し暑さがなく, 爽やかに過ごすことができるという気候のよさもある. そういった立地や気候面でのメリットを背景に, 厚真町は移住定住施策に力を入れており, 人口増とはいかないが, 転出者より転入者が多い社会増の状態を続けてきた. 子育て世帯用の住宅やリタイア後の移住者向けの住宅など, 整備が進んでいる. また, 起業や新規就農, あるいは企業に所属したまま厚真町で活躍をめざす人などを対象とした「厚真町ローカルベンチャースクール」という取組みもある (厚真町まちづくり推進課).

このように, 町としてこれからというときに起きたのが, 2018 年 9 月の北海道胆振東部地震であった. 厚真町では 36 人の尊い命が奪われた. 被害がさほど大きくなかったとされる豊丘地区であるが, 全半壊の家屋もあり, また家屋は倒

壊を免れても農業施設が全壊し，生業であった農業を縮小したり廃業したりといった世帯もある．もともと自治会活動が盛んで地域住民の絆が強い同地区には，「みらいファーム」と呼ばれる任意団体がある．移住者を含む若手の農業者中心に設立された同団体は，農業をやめたり縮小したりする人の土地を借り，その農地も耕作することにより，水稲栽培が盛んな同地区の農業を維持することを目的としている．それ以外にも，新規就農者と使われなくなった農地とのマッチングシステムが機能しており，新規就農の移住者も増えつつある．課題は住宅であり，現在市街化調整区域であるところに家を建てられるようにする必要があるという意見と，一挙に増やそうとするのではなく空き家の利用などでようすをみたほうがよいのではないかという意見が混在している状況である．

### 5.2.3 地域で多様な人々が暮らし続けるために

本節においては，地域において多様な人々が関わりながら生活できるようにするための試みを紹介してきた．地方都市では，人口減により店舗の撤退，公共交通の廃止や縮小が著しい．車の運転ができれば地方であっても何とか買い物や病院，生活に必要な外出が可能であるが，高齢ドライバーの事故がクローズアップされる昨今，それもかつてより厳しい状況にある．交通，買い物難民を防ぐための移動販売やコミュニティバスなどの普及は必須であるが，病院その他，さまざまな生活の便を考えると，中心市街地活性化と住宅政策を組み合わせ，なるべくまちなかに高齢者や障害のある人に住んでもらうこと，それと並行してコレクティブハウジングや多機能型住まいなど，コミュニティのある住まいを増やしていくことが必要なのではないかと考える．

「シェア金沢」は，それ自体が多様な人々が交流できるコミュニティであり，NPO 法人フレンズは障害者が地域で生活するための仕事と，障害をもつ人が地域の人と当たり前のように交流できる空気を作り出している．「ねっこぼっこのいえ」は，子どもだけでなく子どもに関わる多くの人の居場所になるような包括的な場をつくりだしており，厚真町豊丘地区では，新規就農者が入ってくることを地域として支え，そのことが地域，そして地域の農業を継続するための解決策となっている．

過疎化，少子高齢化により限界集落は増えつつある．地域が当たり前のように存続する時代ではない．だからこそ，多くの人たちが入ってこられる，居心地のよい地域や居場所づくりはこれからも求められていくのではないだろうか．それ

がそこに住む人々の生活の質を上げることにつながるだろう．　　〔嶋崎東子〕

## 注

1)　プロボノとは，職務上の専門的な知識や経験，技能を，社会貢献のために無償もしくはわずかな報酬で提供するボランティア活動のことで，ラテン語の"pro bono publico（公益のために）"の略である．
2)　生活空間と生活の一部を共にする住まい方．個人あるいは家族で独立完備した住まいを持ちながら，一住棟あるいは一住宅団地内に全世帯が利用できる共用空間をあわせもつ．個人あるいは家族としての暮らしを基本としつつ，共用空間を利用してコモンミール（共同の食事）を始めとした，共同の暮らしも展開される．
3)　自ら居住するための住宅を建築しようとする者が組合を結成し，共同して事業計画を定め，土地の取得，建物の設計，工事発注その他の業務を行い，住宅を取得し，管理していく方式での住まいづくりをいう．共用空間や入居後の共同の暮らしの有無はハウスによる．

## 文　　　献

厚真町まちづくり推進課.「厚真町住まいサポート」http://www.town.atsuma.lg.jp/atsumyhome/（2019 年 8 月 26 日閲覧）
藤村正之編（2013）『協働性の福祉社会学―個人化社会の連帯―（シリーズ福祉社会学 3）』p. 22，東京大学出版会
濱島　朗・竹内郁郎・石川晃弘編（1977）『社会学小辞典 増補版』p.119，有斐閣
亀海　聡（2016）「共生型地域福祉拠点と障がい者雇用の実現」pp.1-4
小林真弓（2018）「『私の居場所について』―地域でできること―」pp.1-3
国土交通省.「地方振興　活力と魅力ある地域づくり」http://www.mlit.go.jp/crd/chisei/old_news.html（2020 年 6 月 17 日閲覧）
厚生労働省（2013）「地域包括ケアシステムの 5 つの要素と『自助・互助・共助・公助』」地域包括ケア研究会報告書 https://www.mhlw.go.jp/seisakunitsuite/bunya/hukushi_kaigo/kaigo_koureisha/chiiki-houkatsu/dl/link1-3.pdf（2020 年 6 月 17 日閲覧）
厚生労働省（2017）「「地域共生社会」の実現に向けて」https://www.mhlw.go.jp/file/04-Houdouhappyou-12601000-Seisakutoukatsukan-Sanjikanshitsu_Shakaihoshoutantou/0000150631.pdf（2020 年 6 月 17 日閲覧）
厚生労働省.「地域包括ケアシステム構築モデル例」https://www.mhlw.go.jp/seisakunitsuite/bunya/hukushi_kaigo/kaigo_koureisha/chiiki-houkatsu/dl/model01.pdf（2020 年 6 月 17 日閲覧）

松村祥子（2011）『欧米の社会福祉の歴史と展望』放送大学教育振興会

内閣府（2002）「平成 13 年度中間支援組織の現状と課題に関する調査」https://www.
　npo-homepage.go.jp/toukei/2009izen-chousa/2009izen-sonota/2001nposhien-report（2020
　年 6 月 17 日閲覧）

坂本　誠（2017）「自律と支え合いによる農村の再生―都市と農村の二項対立を越えて―」神
　野直彦・井出英策・連合総合生活開発研究所編『「分かち合い」社会の構想―連帯と共助の
　ために―』p.169，岩波書店

嶋崎東子（2013）「高齢化・単身化時代の住まいとコミュニティ―新しい福祉社会への方向性
　―」『旭川大学保健福祉学部研究紀要』No.5，3，39-44

嶋崎ゼミナール（2017）「共同生活がもたらす効果―家族の枠を超えて―」旭川大学全学教育
　活動発表報告会 2016 年度展示資料，pp.14-16

上野谷加代子（2011）「多様な主体の協働による生活支援サービスの普及・促進にむけて―地
　域の宝（ひと・場・工夫……）をつなげよう―」（福）全国社会福祉協議会・生活支援サー
　ビスの普及促進に関する調査研究委員会『「生活支援サービス」が支える地域の暮らし―地
　域に根ざした地域包括ケアづくり―』p.2

## 第6章　生活時間のとらえ方と生活時間の実態

### 6.1　生活を生活時間でとらえる

#### 6.1.1　生活時間とは何か

「生活時間」は，人間の生活を時間的側面から把握する主要な指標である．

「生活時間」は，個々人の生活行動に費やす時間を客観的にとらえて記録し，その生活行動に費やした時間の量や時間配分について示す．生活時間の内容や時間配分を1日24時間，1週間，ライフステージ，さらには一生という区切りでとらえていく．このように，私たちの生活を時間的側面からみていくと，個々人によってこの生活行動や時間の配分が大きく異なっていることに気づかされる．これは国や地域，民族や文化，宗教，社会的地位や時代などの相違によっても異なるために，それぞれの状況における人間の生活文化や生活様式を読み解くことも可能となる．また，その生活行動が，どこで，誰と，あるいは誰のために行われたかなどを記録しておくことにより，他者との関係性を多角的に把握し，個々人や世帯内での生活時間をめぐる課題を明らかにすることができる．

#### 6.1.2　生活行動はどのように分類されるか

生活時間を考える際，私たちの生活行動はどのように分類されるのだろうか．生活時間研究においては，時間をどのようにとらえるかの相違により，さまざまな分類方法が議論されてきた．労働を収入労働と家事労働の2つに分け，それがペイドワーク（有償の労働）なのかアンペイドワーク（無償の労働）なのか経済的側面を問題とする見方や，労働と学業は自由な時間ではないとして，拘束されている時間ととらえる見方もある．また，人間は「労働」をし，そしてさらに労働力を再生産するために「休養」と「余暇」を必要とするとして，生活時間を労働，休養，余暇の3つにとらえる見方もある．

　総務省統計局が生活時間調査として実施する「社会生活基本調査」は，生活行動を 20 種類に分け，睡眠，食事といった生理的に必要な活動を「1 次活動」，通勤・通学，家事・育児など社会生活を営むうえで義務的な性格の強い活動を「2 次活動」，休養，趣味，スポーツなど個人が自由に使える時間における活動を「3 次活動」として大きく 3 区分している（表 6.5 参照）．また表 6.1 に示したような勤務時間などの「収入労働」，家事，育児，介護といった「家事労働」，学業や趣味，娯楽などの「社会的文化的生活」，睡眠や食事などの「生理的生活」の 4 つに区分した 4 大分類もある．

　生活時間行動分類を国際的にみると，経済，社会，文化，政治，宗教，気候など様々な要素が反映されており，その国の生活状況や特徴がうかがえる．現在，国際レベルで課題解決が求められるような諸課題を把握するため，国連が中心となって国際的な統一生活時間分類（ICATUS；International Classification of Activities for Time Use Statistics）[1]を用いた生活時間調査も実施されている．各国の政府レベルが実施する生活時間統計は，この国連の分類をベースとしながらも，各国・地域の生活の実態に根ざした行動分類を用いていることが多い．

表 6.1　生活時間の構成例（中山，2014）

| 4 大分類 | 生活のとらえ方 | | | 例 |
|---|---|---|---|---|
| | 経済的側面 | 時間の性質 | 労働生理学的側面 | |
| 収入労働 | ペイドワーク | 拘束 | 労働 | 勤務，自営業の仕事，内職，通勤 |
| 家事労働 | アンペイドワーク | | | 炊事，洗濯，掃除，買い物，育児，世話，介護，家計管理 |
| 社会的文化的生活 | | 自由 | 余暇 | 学業・通学 |
| | | | | 社会的活動（PTA・奉仕） |
| | | | | 交際，教養・文化，スポーツ，趣味・娯楽，マスメディア |
| 生理的生活 | | 生活必需 | 休養 | 睡眠，休息，食事，用便，入浴，洗面，身支度など，医療 |

### 6.1.3　生活時間調査から何がわかるのか

　「生活時間」の調査は，1900 年代初頭に労働者階級の生活状況を把握するための社会調査の 1 つとして発展したものであるが（United Nations, 2005），現代においては，労働などの経済的側面を把握するツールとしてだけでなく，貧困，

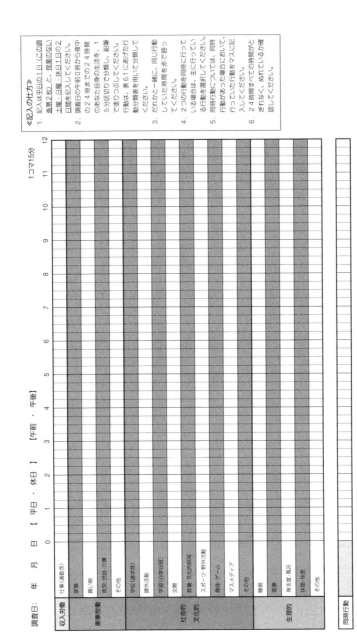

図 6.1 生活時間調査のワークシート

教育，ジェンダー，子ども，健康・保健・衛生，環境などの多様な社会的課題を読み解くためのデータを提供するツールとして位置づけられている．生活時間の調査票を用いて，ある 1 週間の平日と休日のそれぞれ 1 日を選び，調査を実施することによって，視覚的あるいは量的に生活時間を把握し，そこからどのような生活課題があるのか読み解くことも可能となる（図 6.1 参照）．

■ **Let's try! 生活時間調査から生活課題を読み解く**
1. 下記の生活時間調査票を利用して自分の生活時間調査を実施してみよう．
2. 4 大分類（生理的，社会的文化的，家事労働，収入労働）ごとに，平日と休日のそれぞれについて時間を集計してみよう．
3. だれかと一緒に同じ行動をしていた場合，同時行動があった場合についても時間を集計してみよう．
4. 2 と 3 の集計結果を他の人と比較し，相違点，気がついたことなど分析してみよう．また，男女差についても注目して分析してみよう．
5. 生活時間調査を通してどのような生活課題が明らかになったかまとめてみよう．

### 6.1.4 男女，個人と家族，ライフステージ，時代による生活時間の違い

個人の生活時間の量や時間配分は，個人のライフスタイルにより決定される．しかし，他者との関係性，社会的文化的背景，時代の変化なども，個人の生活時間使用に影響を及ぼしている．また，ライフステージにより生活行動が変われば，当然生活時間の使い方にも変化がある．2011（平成 23）年と 2016（平成 28）年の「社会生活基本調査」の家事関連時間を取りあげて，具体的な例をみてみよう．

表 6.2 は，2011 年と 2016 年の男女の家事関連時間を示している．2016 年は 5 年前と比べて，男性は 2 分の増加，女性は 7 分の減少となっており，時代の変化により男女の家事関連時間の差があることを読みとることができる．さらに，表 6.3 では，未婚か有配偶かによって家事関連時間が男女でどのように異なるのかを示している．男性の家事関連時間は，配偶関係にほとんど影響されないが，女性については，配偶者という他者との関係性が家事関連時間に大きく影響を及ぼしていることがわかる．さらに表 6.4 のようにライフステージで家事関連時間をとらえることにより，男女のライフステージの特徴をつかむこともできる．女性は男性よりもライフステージによって家事関連時間が大きく変化し，影響を受けることが読みとれる．

**表 6.2** 男女別の家事関連時間（数値は時間.分）

| 年 | 男性 | 女性 |
|---|---|---|
| 2011 | 0.42 | 3.35 |
| 2016 | 0.44 | 3.28 |

**表 6.3** 男女・配偶関係別の家事関連時間（数値は時間.分，2016 年）

| 配偶関係 | 男性 | 女性 |
|---|---|---|
| 未婚 | 0.29 | 1.01 |
| 有配偶 | 0.49 | 4.55 |

**表 6.4** 男女・ライフステージ別の家事関連時間（数値は時間.分，2016 年）

| | 男性 | 女性 |
|---|---|---|
| 教育を受けている時期 | 0.05 | 0.06 |
| 独身期 | 0.21 | 1.16 |
| 子どものいない夫・妻 | 0.24 | 3.11 |
| 子育て期の夫・妻 | 0.14 | 3.38 |
| 子育て期のひとり親 | 0.37 | 2.38 |

表 6.2-6.4 出典：「社会生活基本調査」より作成
対象は 10 歳以上の男女.

### 6.1.5 生活時間から把握する生活課題

時間はお金と異なり，誰もがもつ平等な資源である．しかし実際には，個々人の多様な生活が，時間という構築された枠組みによって規定されたり，生活時間の使い方が，社会的，文化的，あるいは身体的に制約されていることが多い．そのことによって，ワーク・ライフ・バランスに関わる仕事と生活の時間的調和や長時間労働や過労死，生活の質といった生活課題を生み出している．たとえば，長時間労働を強いられ，他の人に仕事を代わってもらえない場合，自分の生命や健康をケアする時間が奪われ，病気などのリスクが高まる．育児，介護を抱えているときには，ペイドワークを調整せざるを得ず，十分な収入が得られず経済的貧困に陥る．

このように，安定した生活を営むために必要な時間の確保ができない状態を「時間貧困」と呼ぶ．「時間貧困」を回避するためには，他の人に仕事を代わってもらうように頼むこと（人的資源の活用）や有料の家事サービスの利用（金銭資源の活用）など他の生活資源の代替により，時間を生み出すことができる．しかしながら，個人がもつ生活資源に委ねる回避方法は一時的な対処でしかない．多くの欧州諸国では，「時間貯蓄」という方法で，時間外労働時間を貯蓄して，金銭や休暇に換えられる制度があるが，日本においては，長時間労働者の可処分所得の増加を講じる手立てや労働時間の短縮についての検討が不十分である．また，家庭生活における生活時間の課題は，性別役割分業と家族員の生活時間構造の相互関係と深く関わっている．日本の現状では，男性の収入労働時間の過多と

家庭においては過小というアンバランスな時間配分が前提となって，女性が労働においては過小，家庭においては過多という偏りのある調整を行い，ジェンダー不平等をもたらしている．このことが男女双方にとって，人類の発展を阻む問題を生み出していることを意識し，QOL（quality of life，生活の質）を高めるための時間使用への認識を育成することが重要であるといえる．

### 6.1.6　新しいライフスタイルと生活時間

スマートフォンやタブレット端末の普及が急速に進んでいる．2012年以降，大人だけでなく，子どものスマートフォンの所有率や利用率が急速に拡大した．スマートフォンの長時間利用者の特徴として，仕事，学業や部活動，家事，睡眠の時間が短く，朝食をとらない傾向や家族との共有時間を減少させている傾向がみられ（藤川，2015；総務省統計局，2017），生活時間全体に影響を及ぼしている．このようにICT機器の急速な普及は，時間使用や時間配分，他者との関係性においてもさまざまな変化をもたらしている．継続的にスマートフォンの利用時間と生活時間への影響を分析することにより，このような生活課題とどのように向き合って新しいライフスタイルをつくっていくのかを考えていく必要がある．
〔中山節子〕

## 6.2　生活時間の実態

### 6.2.1　日本人の生活時間の実態

日本人の生活時間の特徴を，総務省統計局の『社会生活基本調査』（2018年）の結果からみてみたい．表6.5は日本人の1週間の平均的な生活時間の構造を，最新のデータと10年前，20年前の3つの調査結果により時系列的に比較したものである．私たちの生活の質は収入労働時間や家事労働時間の全労働時間の長さによって異なってくるが，今日の生活経営における時間的課題はワーク・ライフ・バランスである．この時間は，6.1節にも述べられているように，「社会生活基本調査」の2次活動でみることができる．したがって，ここでは2次活動から順にみてみよう．

#### a.　2次活動（社会生活を営むうえで義務的な性格の強い活動）

2次活動の時間は仕事等時間と家事関連時間に分けて示されており，これらの時間の変化は，男女によって異なる．仕事等の時間の「仕事」時間において，男

**表 6.5** 男女の種類別生活時間（15〜64 歳，週平均）（時間.分）

| | | | 1996 年<br>（平成 8 年） | | 2006 年<br>（平成 18 年） | | 2016 年<br>（平成 28 年） | |
|---|---|---|---|---|---|---|---|---|
| | | | 男 | 女 | 男 | 女 | 男 | 女 |
| 1 次活動 | | 睡眠 | 7.43 | 7.24 | 7.35 | 7.17 | 7.30 | 7.18 |
| | | 身の回りの用事 | 0.56 | 1.18 | 1.03 | 1.24 | 1.08 | 1.29 |
| | | 食事 | 1.32 | 1.39 | 1.31 | 1.37 | 1.30 | 1.35 |
| 2 次活動 | 仕事等 | 通勤・通学 | 0.50 | 0.27 | 0.50 | 0.28 | 0.54 | 0.34 |
| | | 仕事 | 6.09 | 3.15 | 6.10 | 3.17 | 6.03 | 3.27 |
| | | 学業 | 0.34 | 0.29 | 0.32 | 0.27 | 0.39 | 0.37 |
| | 家事関連 | 家事 | 0.07 | 2.48 | 0.11 | 2.38 | 0.13 | 2.21 |
| | | 介護・看護 | 0.01 | 0.04 | 0.01 | 0.04 | 0.01 | 0.05 |
| | | 育児 | 0.03 | 0.24 | 0.05 | 0.30 | 0.08 | 0.36 |
| | | 買い物 | 0.12 | 0.36 | 0.14 | 0.35 | 0.15 | 0.34 |
| 3 次活動 | | 移動（通勤・通学を除く） | 0.26 | 0.27 | 0.30 | 0.35 | 0.28 | 0.32 |
| | | テレビ・ラジオ・新聞・雑誌 | 2.23 | 2.14 | 2.04 | 2.01 | 1.37 | 1.37 |
| | | 休養・くつろぎ | 1.06 | 1.07 | 1.17 | 1.18 | 1.35 | 1.32 |
| | | 学習・自己啓発・訓練（学業以外） | 0.11 | 0.11 | 0.12 | 0.12 | 0.12 | 0.12 |
| | | 趣味・娯楽 | 0.40 | 0.28 | 0.49 | 0.37 | 0.57 | 0.37 |
| | | スポーツ | 0.14 | 0.08 | 0.14 | 0.09 | 0.13 | 0.07 |
| | | ボランティア活動・社会参加活動 | 0.03 | 0.04 | 0.04 | 0.04 | 0.03 | 0.04 |
| | | 交際・付き合い | 0.30 | 0.29 | 0.21 | 0.24 | 0.16 | 0.19 |
| | | 受診・療養 | 0.04 | 0.06 | 0.05 | 0.07 | 0.04 | 0.06 |
| | | その他 | 0.16 | 0.22 | 0.12 | 0.16 | 0.14 | 0.18 |

注：数値は 15 歳以上 64 歳以下の各年齢層の推計人口を計算に加えて算出した数値である.
出典：総務省統計局「社会生活基本調査」（各年）調査票 A の結果により作成. 行動の種類の名称は平成 28 年のものを使用

性は 2016 年に減少しているが（1996 年，2006 年，2016 年の順に 6 時間 9 分，6 時間 10 分，6 時間 3 分. 以下同様の順に示す），女性は増加傾向にある（3 時間 15 分，3 時間 17 分，3 時間 27 分）. 一方，家事関連時間の「家事」時間においては，その反対の傾向がみられ，女性は減少傾向にあるが（2 時間 48 分，2 時間 38 分，2 時間 21 分），男性はごくわずかではあるが増加傾向にある（7 分，11 分，13 分）. このような男女の「仕事」時間と「家事」時間の変化は，女性の社会進出，家事労働の社会化，男性の家事参加などの実態の変化が反映されている

ものと考えられるが，それにしても，仕事と家事に従事する時間の男女差が激しいことを確認することができる．

### b. 1次活動（生理的に必要な活動）

生理的に必要な活動の時間のほとんどを占めている「睡眠」時間の変化をみると，男性において減少傾向がみられる（7時間43分，7時間35分，7時間30分）．女性の「睡眠」時間は減少したり増加したり変化はあるものの（7時間24分，7時間17分，7時間18分），いずれの調査結果においても男性とは10分以上の差がある．OECDの調査（OECD Webサイト）では，総じて日本人の「睡眠」時間が先進国の中で最下位の水準にあることが，毎年のように報告されており，中でも，日本人女性の「睡眠」時間は非常に短く，男女差は最も大きいものとなっている．

### c. 3次活動（個人が自由に使える時間における活動）

2次活動でみた仕事等の時間と家事関連時間は3次活動（自由時間）の長短や質にも影響を与える．男女とも「休養・くつろぎ」，「趣味・娯楽」の時間は増加しており，全労働時間の変化がこれらの時間の増加と関連していると考えられる．

一方，これまで主要メディアとされてきた「テレビ・ラジオ・新聞・雑誌」の時間の減少が目立つ（男性：2時間23分，2時間4分，1時間37分／女性：2時間14分，2時間1分，1時間37分）．2016年の「社会生活基本調査」の「詳細行動分類による生活時間に関する結果」（調査票B）によると，同時行動を行った人の割合（行動者率）を同時行動の種類別にみた場合，「テレビ・ラジオ・新聞・雑誌」の行動者率は減少し，スマートフォンやパソコンの行動者率は大幅に増加している[2]．6.1節にも述べられているように，スマートフォンやパソコンなどのICT機器の普及は私たちの生活時間の全体に影響を及ぼしている．たとえば「交際・つきあい」の時間は減少しており，人と対面する活動よりもSNSなどのICT機器を使った活動や他者との関係を望むなど，これらの時間の変化にもたらしている一因であると考えられる．

### 6.2.2　ペイドワーク時間とアンペイドワーク時間

日本人の生活時間の実態において，仕事等の時間および家事関連時間における男女差が明らかになった．ここでは，「社会生活基本調査」の共働き夫妻のデータをみてみよう（図6.2）．共働き夫妻の週平均時間をみると，仕事等の時間は男性が490分（8時間10分），女性が296分（4時間56分）であり，家事関連時

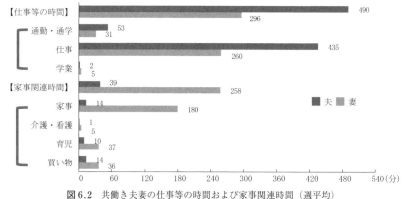

**図 6.2** 共働き夫妻の仕事等の時間および家事関連時間（週平均）
総務省統計局（2017）「平成 28 年社会生活基本調査」調査票 A の結果により作成

間は男性が 39 分，女性が 258 分（4 時間 18 分）と，それぞれ仕事等の時間と家
事関連時間に 194 分（3 時間 14 分），219 分（3 時間 39 分）の男女差がある．仕
事等の時間および家事関連時間の下位項目においても「仕事」および「家事」そ
のものの時間における男女差は大きい．

　男女共同参画社会基本法（1999 年）が制定されてから 20 年以上，「仕事と生
活の調和（ワーク・ライフ・バランス）憲章」（2007 年）が策定されて 10 年以
上経っているが，いまだに男性の仕事と家庭のアンバランス状態が顕著である．
ワーク・ライフ・バランスを実現するためには，性別役割分業意識の解消のみな
らず男性の長時間労働の抑制や，育児休暇の取得の推進，女性の継続就業を図る
ための両立支援など，社会システム全体におけるさらなる取組みが必要である．

### 6.2.3　ペイドワーク時間とアンペイドワーク時間の国際比較

　前項で日本人の生活時間の課題としてあげられた，男女の仕事等の時間と家事
関連時間を，国際比較するとどうだろうか．図 6.3 は OECD のデータにより，
主要先進国のペイドワークおよびアンペイドワークの時間を表したものである．

　まず，ペイドワークの時間をみると，日本の男性は 452 分（7 時間 32 分）で
あり，韓国の 419 分（6 時間 59 分）とともに欧米諸国に比べて非常に長い．日
本や韓国における男性の長時間労働の実態がひときわ目立つ結果である．アンペ
イドワークの時間においても，日本と韓国の男性の時間が著しく短い．アンペイ
ドワークの時間を国別に男女で比較すると，日本の男性は 41 分，韓国の男性は
49 分であるのに対し，日本の女性は 224 分，韓国の女性は 215 分と，両国の女

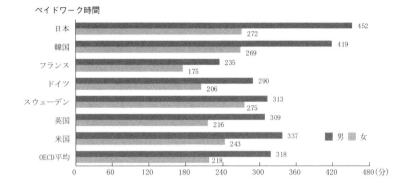

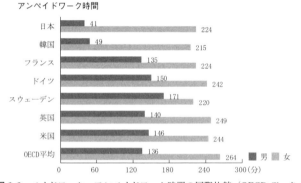

**図6.3**　ペイドワーク・アンペイドワーク時間の国際比較（OECD データベース，15〜64歳）
スウェーデンは25〜64歳．国によって調査年，調査対象にばらつき（2015年および近年）がある．
OECD の分類は以下の通り．ペイドワークは仕事，通勤・通学，学業，自宅学習・研究，求職活動，その他の仕事．アンペイドワークは家事，買い物，育児・介護，世帯員以外の人のケア，ボランティア活動，家事のための移動，他のアンペイドワーク

性は男性の5倍ほどアンペイドワークの時間に費やしており，欧米諸国に比べてペイドワーク時間とアンペイドワーク時間の男女差が目立つ．日本と韓国においては，経済成長を支えるために位置づけられた近代家族の性別役割分業が，現在までも引きずられているものと考えられる．しかし，国による調査方法や調査機関などは異なるが，どの国においてもペイドワーク・アンペイドワークの男女差は表れている．ペイドワークの担い手は男性，アンペイドワークの担い手は女性という性別役割分業は国際的にも課題としてあげられる．

　2015年，国連では持続可能な開発目標（SDGs）が採択され，17の達成目標の中に「ジェンダー平等の実現」がその1つとしてあげられており，雇用や家事分担の場面も男女平等を実現するためのターゲットとされている．持続可能な社会

の構築に向けて，世界的な課題とされている男女平等を推進し，仕事と生活の調和を図ったジェンダー格差を解消するための取組みが求められる．〔鄭　暁静〕

## 注

1)　2017 年 3 月に発表された ICATUS 2016 では，9 つの生活行動分類（1. 雇用関連活動／2. 自身が消費するための生産活動／3. 世帯や家族のための無報酬の家事労働／4. 世帯や家族のための無報酬の育児／5. 無報酬の訓練，ボランティア，その他／6. 学習／7. 交際，コミュニケーション，地域活動への参加，宗教活動／8. 文化，娯楽，マスメディア，スポーツ／9. 個人のケアと管理）が示されている．

2)　「同時行動」（おもにしていた行動の他に同時にしていた行動）の種類別の行動者率において，スマートフォンなど「コンピュータの使用」の行動者率は 21.5％と，2011 年（平成 23年）に比べて 17.6％増加している．また，スマートフォンなどを「自由時間」に使用した行動者率は，45.0％となっており，その平均使用時間（行動者平均時間）は 2 時間 11 分となっている．

## 文　　献

藤川大祐（2015）「スマートフォンの急速な普及と生活時間の変化」ベネッセ教育総合研究所『第 2 回放課後の生活時間調査報告書』1-9

中山節子（2014）『時間貧困からの脱却にむけたタイムユースリテラシー』p.58，大空社

OECD. Stat “Social protection and Wellbeing Time Use”. https://stats.oecd.org/Index.aspx?datasetcode=TIME_USE（2019 年 8 月 3 日閲覧）

総務省統計局（2018）「平成 28 年社会生活基本調査—生活時間に関する結果—」https://www.stat.go.jp/data/shakai/2016/kekka.html（2019 年 9 月 30 日閲覧）

United Nations（2005）Guide to Producing Statistics on Time Use: Measuring Paid and Unpaid Work.

# 第7章　家計のとらえ方と実態

## 7.1　生活を家計でとらえる

### 7.1.1　家計とは何か

　人々の日々の暮らしの場である世帯においては，世帯員の一部または全員が収入を得るために働くなどして，獲得した貨幣で生活に必要な財やサービスを購入し，それを消費することによって，世帯員の生命および労働力の再生産が行われている．家計費はその数量的表現であり，家計は世帯における収入と支出の総体を意味する（天野，2008）．

　一方，一国の経済の中で，家計は国民経済を構成する3つの経済主体（家計，企業，政府）の1つとして位置づけられる．GDP統計である国民経済計算において，国内総生産に占める家計最終消費支出は54%（2017年）と大きな割合を占めている．

### 7.1.2　家計から何がわかるのか

　生活が営まれる世帯の収支構造や資産・負債のデータは，ライフコースやライフステージによるそれぞれの世帯の課題を把握したり，生活設計を考える際にリスク管理の視点から税や社会保障のあり方まで多角的に検討する材料となる．

　また，世帯の類型別に分類することで貧困リスクとの関連から格差の実態を示したり，世帯内の誰がどのような種類の収入をどれだけ得ているのかを男女別に分析することで，世帯における男女の経済的地位の状況を明らかにすることができる．ただし，家計調査は世帯単位での集計であるため，2人以上の世帯では，支出について世帯の共同消費部分と個人の消費部分を分離することはできず，貯蓄も世帯の総額のみが示されるなど，男女別に，収入・支出（フロー）と貯蓄・負債（ストック）の間の資金の移転状況と経済的地位を解き明かすには，制約も

ある（天野，2015）.

### 7.1.3 家計のデータとその構造

#### a. どのデータを使うのか

家計の収入・支出，貯蓄・負債を家計簿式調査を用いて集計したデータ（政府統計）には，総務省統計局の「家計調査」と「全国家計構造調査（旧全国消費実態調査）」がある．「家計調査」は全国約 9,000 世帯（うち単身世帯約 700）を対象とし，毎月調査される．調査結果は「二人以上の世帯」，「単身世帯」，「総世帯」に分けられ，おもに地域・世帯属性ごとに示される．毎月調査される「家計調査」はおもな目的が全国平均の家計収支の時系列の動きを明らかにすることにあるため，調査規模が小さく詳細な構造分析を行うことができない．そこで，「家計調査」からは得られない詳細な結果を得るための大規模調査として，5 年に一度実施されてきたのが「全国消費実態調査」であり，2019 年からは全面的に見直しがなされ「全国家計構造調査」として実施されるようになった．年間収入階級別，世帯主の年齢階級別をはじめ，夫婦共働き世帯，無職世帯，母子世帯など各種世帯属性別あるいは地方別，都道府県別の分析が可能である．なお，「家計調査」が毎月の調査であるのに対し，「全国家計構造調査」の家計収支は 2 ヶ月（10 月および 11 月（単身世帯は 10 月））が対象である．

上記 2 つの統計の他に，購入頻度が少ない高額商品・サービスの消費や IT 関連消費の実態を毎月調査している「家計消費実態調査」（総務省統計局）がある．また，家計簿方式ではなく支出データは得られないが，厚生労働省による「国民生活基礎調査」は，保健，医療，福祉，年金などとともに，所得が調査され，後述する相対的貧困率の国際比較などの所得データとして用いられている[1]．

#### b. 家計の構造

家計を分析するには，収入と支出の基本的な構造（表 7.1）を理解しておく必要がある．収入（受取）は大きくは① 実収入，② 実収入以外の受取，③ 繰入金に分けられる．① 実収入とは，実際に世帯に入ってくる世帯員の現金収入の合計であり，いわゆる税込み収入をさす．② 実収入以外の受取とは，いわば見せかけの収入であり，預貯金引出しや借入金など，手元に現金が入るが，一方で資産の減少，負債の増加を伴うものである．③ 繰入金は，前月から持ち越した世帯の手持ち現金である．

支出（支払）は大きくは① 実支出，② 実支出以外の支払，③ 繰越金に分けら

**表 7.1**　世帯あたり年平均 1 ヶ月の収入と支出（2 人以上の世帯のうち勤労者世帯）（2018 年）

| 収　入 | 金　額 | 支　出 | 金　額 |
|---|---|---|---|
| 受　取 | 1,046,366 | 支　払 | 1,046,366 |
| 実収入 | 558,718 | 実支出 | 418,907 |
| 　経常収入 | 549,950 | 　消費支出 | 315,314 |
| 　　勤め先収入 | 512,604 | 　　食料 | 76,090 |
| 　　　世帯主収入 | 426,035 | 　　住居 | 18,200 |
| 　　　　うち男 | 406,205 | 　　光熱・水道 | 21,771 |
| 　　　世帯主の配偶者収入 | 72,948 | 　　家具・家事用品 | 11,338 |
| 　　　　うち女 | 72,128 | 　　被服および履物 | 13,072 |
| 　　　他の世帯員収入 | 13,621 | 　　保健医療 | 11,973 |
| 　　事業・内職収入 | 3,663 | 　　交通・通信 | 51,508 |
| 　　　家賃収入 | 1,419 | 　　教育 | 19,131 |
| 　　　他の事業収入 | 1,635 | 　　教養娯楽 | 29,838 |
| 　　　内職収入 | 610 | 　　その他の消費支出 | 62,394 |
| 　　農林漁業収入 | 60 | | |
| 　　他の経常収入 | 33,623 | 　非消費支出 | 103,593 |
| 　　　財産収入 | 591 | 　　直接税 | 43,428 |
| 　　　社会保障給付 | 32,454 | 　　　勤労所得税 | 17,412 |
| 　　　仕送り金 | 591 | 　　　個人住民税 | 19,004 |
| 　特別収入 | 8,768 | 　　　他の税 | 7,012 |
| 　　受贈金 | 3,349 | 　　社会保険料 | 60,079 |
| 　　その他 | 5,418 | 　　他の非消費支出 | 86 |
| 実収入以外の受取 | 420,330 | 実支出以外の支払 | 571,542 |
| 　預貯金引出 | 347,768 | 　預貯金 | 450,373 |
| 　保険金 | 5,319 | 　保険料 | 23,849 |
| 　有価証券売却 | 167 | 　有価証券購入 | 1,997 |
| 　土地家屋借入金 | 2,387 | 　土地家屋借金返済 | 36,977 |
| 　他の借入金 | 721 | 　他の借金返済 | 2,824 |
| 　分割払購入借入金 | 5,422 | 　分割払購入借入金返済 | 7,913 |
| 　一括払購入借入金 | 58,131 | 　一括払購入借入金返済 | 40,946 |
| 　財産売却 | 111 | 　財産購入 | 6,001 |
| 　その他 | 304 | 　その他 | 662 |
| 繰入金 | 67,318 | 繰越金 | 55,917 |

総務省統計局『家計調査年報《Ｉ家計収支編》平成 30 年』（日本統計協会，2019）をもとに作成．世帯人員 3.32 人，有業人員 1.78 人，世帯主年齢 49.6 歳．

れる．① 実支出は，日常の生活に必要な財やサービスを購入して実際に支払った金額である「消費支出」と，直接税や社会保険料などの「非消費支出」を合計した支出である．② 実支出以外の支払は，いわば見せかけの支出であり，預貯金や借金の返済など，手元から現金が支出されるが，一方で資産の増加あるいは負債の減少を伴わないものである．③ 繰越金は月末における世帯の手持ち現金であり，翌月に持ち越すことになる．

### c. 物価の変動等を考慮する

家計の動向を時系列で分析する場合，物価の変動を考慮して金額を比較する必要がある．調査された時点のそのままの金額を示すのが「名目」額で，物価の上昇・下落分を取り除いた値が「実質」額である．物価の変動は，全国の世帯が購入する各種の財・サービスの価格の平均的な変動を測定した「消費者物価指数」（総務省統計局）で示され，基準となる年の物価を 100 として算出される．家計のデータを実質化するには，たとえば名目実収入が 10% 上昇したとき，同じ期間に消費者物価指数が 15% 上昇していれば，$110 \div 115 \times 100 = 95.7$ となり，実質実収入は 4.3% 減少したことになる．

また，家計は世帯ごとの総額で示されることから，消費支出などを長期にわたって比較する場合には，近年の 1 世帯あたりの平均世帯人員の減少と世帯主の平均年齢の上昇の影響にも配慮したい．

## 7.1.4 家計と SDGs

序章に示したように，SDGs のゴール 1 は貧困の解決であり「1 日 1.25 ドル未満で生活する人々と定義されている極度の貧困」（ターゲット 1.1）だけでなく，「各国定義によるあらゆる次元の貧困状態」（ターゲット 1.2）が対象となっている．前者は生存が危ぶまれる絶対的貧困であるが，生活水準は開発途上国と先進

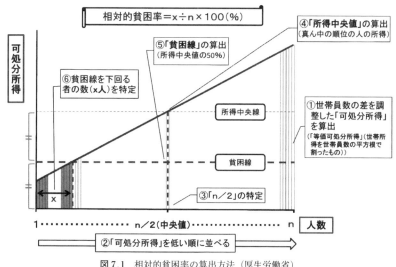

図 7.1 相対的貧困率の算出方法（厚生労働省）

国では大きく異なり，国によっても状況は変わるため，近年 OECD では相対的
貧困の概念が用いられるようになった．

　相対的貧困率は，一定基準（貧困線）を下回る等価可処分所得しか得ていない
者の割合をいう．貧困線とは，等価可処分所得（世帯の可処分所得を世帯人員の
平方根で割って調整した所得）を低い方から順に並べた中央値の半分の額をさ
す．これらの算出方法は，図7.1のように OECD の作成基準にもとづき作成さ
れる．

　日本の相対的貧困率は，OECD 加盟国の中で36ヶ国中6番目に高い（OECD,
2016）．また，日本の大人1人で子どもがいる現役世帯の相対的貧困率は50.8%
（2015年）で，ひとり親世帯の半分が貧困状態にある．ひとり親世帯の多くを占
めるのが母子世帯であることは，SDGs のゴール5のジェンダー平等にかかわ
り，母子世帯の8割以上が就業しているにもかかわらず就労年収は200万円と低
い（「平成28年度　全国ひとり親世帯等調査」）ことは，SDGs ゴール8の雇用
の問題にもつながる問題である．

---

■ Let's try!
　表7.1のデータを用いて，以下の計算をしてみよう．
　①可処分所得（実収入から税金，社会保険料などの非消費支出を差し引いた額．い
　　わゆる手取り収入をさす．）
　②黒字（実収入から実支出を引いたもので，可処分所得から消費支出を引いた額と
　　同じ．マイナスの場合は赤字となる．）
　③平均消費性向（可処分所得に対する消費支出の割合）
　④エンゲル係数（消費支出に占める食料費の割合）
　　　　　　　　　〈解答〉① 455,125 円　② 139,811 円　③ 69.3%　④ 24.1%

〔天野晴子〕

## 7.2　家計の実態

### 7.2.1　世帯類型の変化

　家計は，時代の社会的・経済的変化に影響される．近年の変化としてまずあげ
られるのが人口構成の変化とそれに伴う世帯類型の変化である．また，女性や高
齢者の労働市場への参加の増加も，世帯収入に影響を与えている．

　国勢調査（2015年）の世帯類型は，第3章でみたとおり単独世帯（国勢調査

における名称）が 34.5% と最も多く，次いで夫婦と子どもからなる世帯 26.8%，夫婦のみの世帯 20.1% が続く．

　夫婦のいる雇用者世帯全体の中で，共働きの世帯数は 1,219 万世帯に対して，専業主婦世帯数は 606 万世帯と，雇用者として働く女性が増加している（総務省，2018 年）．さらに高齢者世帯においても単独世帯が増加しており，また働く人も増えている．1990 年と比較すると，就業世帯数は 352 万世帯と約 3.3 倍増加しており，とくに 60 歳代の増加が著しい．高齢者世帯では，3,000 万円以上の貯蓄があり消費が盛んな世帯もあり，高齢者世帯の中でも格差が広がりつつある．以下，さまざまな世帯の家計をみていこう．

## 7.2.2　大学生の家計

　大学生になると一人暮らしをする人も増え，表 7.2 に示すように高校時代に比べると使うお金の金額が大きくなる．下宿生の場合，仮にアルバイトですべてをまかなうには，時給 1,000 円としても，1ヶ月，毎日 3 時間働かないといけない．これに学費が加わるので，世帯としては，最も費用がかかる時期となる．貯蓄，奨学金，仕送り，アルバイトで準備することになる場合が多いので，それらのバランスをよく考える必要がある．

表7.2　大学生の自宅生・下宿生の1ヶ月の支出（円）

| | 自宅生 | 下宿生 |
|---|---|---|
| 住宅光熱費 | なし | 38,833 |
| 食　費 | 8,500 | 23,000 |
| 保健衛生費 | 3,000 | 3,062 |
| 娯楽嗜好費 | 11,187 | 12,583 |
| その他日常費 | 11,708 | 13,770 |
| 合　計 | 34,395 | 91,250 |
| 4 年間の合計 | 1,651,000 | 4,380,000 |

日本学生支援機構「学生生活調査結果」（2016 年度）をもとに作成

## 7.2.3　勤労者世帯の家計

　勤労者世帯とは，世帯主が会社，官公庁，学校，工場，商店などに勤めている世帯で，家計調査の対象の約半分を占めている．家計の実態は先の表 7.1 の通りである．勤め先収入が収入の 9 割を占めており，「消費支出」が約 31 万円，税金

などの「非消費支出」が約 10 万円である．黒字は約 14 万円ある．「家計調査」の場合，住居費とは家賃と修繕・維持費で，住宅ローンの返済額は借金の返済にあたるため，「実支出以外の支払」として計上されている．このため食料（24.1%），その他の消費支出（19.8%），交通・通信（16.3%）の 3 費目で家計の 6 割を占めている．

### 7.2.4　共働き世帯の家計
図 7.2 と図 7.3 から共働き世帯と専業主婦世帯の家計の特徴をみると，共働き

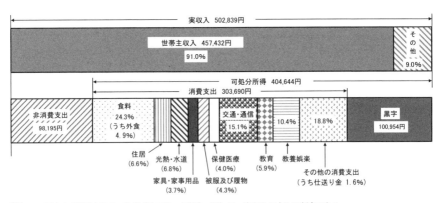

**図 7.2**　専業主婦世帯の家計（総務省，2018b）

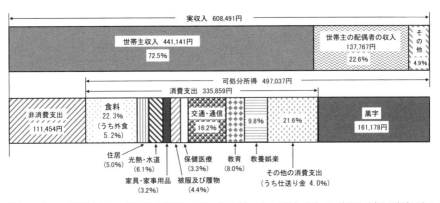

**図 7.3**　共働き世帯の家計（総務省，2018b）

世帯の実収入は専業主婦世帯よりも多く，そのうち2割ほどは配偶者（この場合は妻）の収入である．しかし世帯主の収入では，専業主婦世帯の方が若干ではあるが多くなる．支出は全般的に共働き世帯が多くなり，税金や社会保険料などの非消費支出も多い．とくにその他の消費支出[2]（うち仕送り金），食料（うち外食），教育（うち授業料），交通・通信が高くなることから，働きに出る目的のための支出（要因的支出）と，働きに出たことでかかる支出（経費的支出）があることがわかる．

### 7.2.5 高齢者世帯の家計

図7.4と図7.5に示したのは，高齢夫婦無職世帯と高齢単身無職世帯の家計である．高齢者の場合，働いている場合は家計的に問題ないが，無職の場合，実収入の9割は社会保障給付（おもに年金）から得ているがそれでは足りず，夫婦世帯も単身世帯も毎月約4万円前後の赤字家計となっており，貯蓄を取り崩していることがわかる．これは年間約50万円になるが，65歳から年金が給付され，平均寿命まで生きるとすると最低でも約1,000万円の貯蓄が必要であることを意味している．

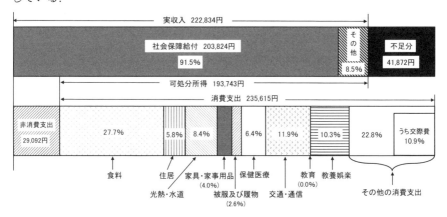

(注)　1　高齢夫婦無職世帯とは，夫65歳以上，妻60歳以上の夫婦のみの無職世帯である．
　　　2　図中の「社会保障給付」及び「その他」の割合（%）は，実収入に占める割合である．
　　　3　図中の「食料」から「その他の消費支出」までの割合（%）は，消費支出に占める割合である．
　　　4　図中の「消費支出」のうち，他の世帯への贈答品やサービスの支出は，「その他の消費支出」の「うち交際費」に含まれている．

**図7.4**　高齢夫婦無職世帯の家計（総務省，2019b）

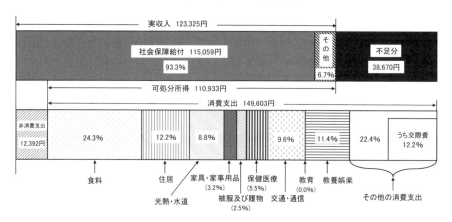

(注)　1　高齢単身無職世帯とは，60歳以上の単身無職世帯である．
　　　2　図中の「社会保障給付」及び「その他」の割合（%）は，実収入に占める割合である．
　　　3　図中の「食料」から「その他の消費支出」の割合（%）は，消費支出に占める割合である．
　　　4　図中の「消費支出」のうち，他の世帯への贈答品やサービスの支出は，「その他の消費支出」の「うち交際費」
　　　　に含まれている．

**図7.5**　高齢単身無職世帯の家計（総務省，2019b）

## 7.2.6　母子世帯の家計

　ひとり親世帯（146.1万世帯）のうち，85%は母子世帯である．年間収入は母子世帯が平均181万円に対して，父子世帯は360万円と差がある．母子世帯になった理由は死別（7.5%）よりも離婚（80.6%）が多いが，6割の世帯が養育費を一度も受け取っておらず，約2割のみが養育費を受給しており，経済的に苦しい世帯が多い．母子世帯の収入は，単身女性世帯の収入より少ない．支出傾向は

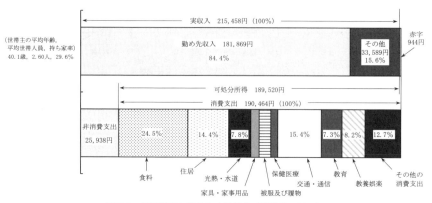

**図7.6**　母子世帯の収入と支出割合（総務省，2015）

低所得者層と似ており，一般世帯に比べて食料，住居，光熱・水道などの必需的支出の割合が多く，その他の消費支出の割合は低い．低所得者層と異なるのは，教育と被服及び履物の割合が高く，保健医療の割合が低く，子どもの教育と被服にはなるべくお金をかけ，病気になっても受診できない生活がうかがえる（図7.6）．

### ▶コラム　消費形態の変化

　平成の30年間における家計消費の変化を食料やエネルギーなどの非耐久財，衣料品などの半耐久財，自動車や家電製品の耐久財，サービスの4形態でみると（内閣府，2017；2018a），サービスは一貫して増加しているが，その他の割合は減少しており，モノ消費からコト消費へと変化した．またスマホなどの普及により交通・通信費の割合が高くなっており，平成元年から約6.5倍となった．これはネットショッピングの増加にも影響を与えている．2018年のネットショッピング利用世帯は43.4％で2008年の16.3％から急増している（総務省，2019a）．利用内容は，旅行関係費（24.4％），食料（13.6％），衣服・履物（11.2％），教養関係費（書籍・音楽や映像のソフト・ゲームなど（10.3％），家電・家具（8.1％）が多く，高齢者世帯の増加によって，60歳〜69歳の利用も近年増えている（総務省，2018b）．

　今後は，ネット購入やキャッシュレスの普及に伴って，お金を使ったという実感が少なくなるため，しっかりと家計管理をする必要があろう．

**Let's try!**

　お金を用いて生活を成り立たせる中，家計の収支は自分自身（あるいは家族）がどのように生活しているかを映すものの1つとなる．表7.1を参考に，自分自身の家計をとらえてみよう．独自に作成してもよいし，既存の家計簿やこづかい帳，スマートフォンのアプリなどでも記録することができる．集計した結果をもとに，気づいたことをあげてみよう．

〔大藪千穂〕

### 注

1)　内閣府ほか（2015）によると，相対的貧困率の算出において，「国民生活基礎調査」を用いた場合よりも「全国消費実態調査」を用いた方が相対的貧困率は低くなること，両調査のサンプル分布を相対的にみると，「国民生活基礎調査」は高齢者世帯や郡部・町村居住者が多く，「全国消費実態調査」は40歳未満や単身世帯が多いことなどが指摘されている．
2)　その他の消費支出には，諸雑費（理美容関連）や，こづかい，交際費，仕送り金が含まれる．

# 文　　献

天野晴子（2008）「家計・消費の構造」伊藤セツ・川島美保編著『三訂 消費生活経済学』pp. 45-59，光生館

天野晴子（2015）「家計と資産」男女共同参画統計研究会編『男女共同参画統計データブック 2015』pp.89-102，ぎょうせい

厚生労働省「国民生活基礎調査（貧困率）よくあるご質問」https://www.mhlw.go.jp/tou-kei/list/20-21a.html（2019 年 9 月 19 日閲覧）

内閣府（2017）「平成 29 年度　年次経済財政報告―技術革新と働き方改革がもたらす新たな成長―」https://www5.cao.go.jp/j-j/wp/wp-je19/index_pdf.html（2019 年 8 月 12 日閲覧）

内閣府（2018a）「令和元年度　年次経済財政報告―「令和」新時代の日本経済―」https://www5.cao.go.jp/j-j/wp/wp-je19/pdf/p01023.pdf（2019 年 8 月 11 日閲覧）

内閣府（2018b）「日本経済／経済の回顧，日本経済 2018-2019　景気回復の持続性と今後の課題」http://www5.cao.go.jp/keizai3/2018/0125nk/pdf/n18_2_1.pdf（2019 年 8 月 11 日閲覧）

内閣府・総務省・厚生労働省（2015）「相対的貧困率等に関する調査分析結果について」https://www.mhlw.go.jp/seisakunitsuite/soshiki/toukei/dl/tp151218-01_1.pdf（2019 年 8 月 11 日閲覧）

OECD（2016）"*OECD Factbook 2015-2016: Economic, Environmental and Social Statistics*". http://www.oecd.org/publications/oecd-factbook-18147364.htm（2019 年 10 月 2 日閲覧）

奥田真之・大藪千穂（2018）『はじめての金融リテラシー』，昭和堂

大藪千穂（2011）『お金と暮らしの生活術』，昭和堂

大藪千穂（2012）『生活経済学』，財団法人放送大学教育振興会

総務省（2015）「平成 26 年全国消費実態調査―二人以上の世帯の家計収支及び貯蓄・負債に関する結果―」https://www.stat.go.jp/data/zensho/2014/pdf/gaiyo3.pdf（2019 年 8 月 12 日閲覧）

総務省（2018a）「平成 30 年　労働力調査年報」https://www.stat.go.jp/data/roudou/re-port/2018/index.html（2020 年 6 月 17 日閲覧）

総務省（2018b）「家計調査年報（家計収支編）平成 29 年（2017 年）Ⅱ世帯属性別の家計収支（二人以上の世帯）」https://www.stat.go.jp/data/kakei/2017np/gaikyo/pdf/gk02.pdf（2019 年 8 月 12 日閲覧）

総務省（2019a）「家計消費状況調査」https://www.stat.go.jp/data/joukyou/pdf/n_joukyo.pdf（2019 年 8 月 12 日閲覧）

総務省（2019b）「家計調査年報Ⅰ家計収支編　平成 30 年」https://www.stat.go.jp/data/kakei/sokuhou/tsuki/pdf/fies_gaikyo2018.pdf（2019 年 8 月 12 日閲覧）

# 第8章　人間関係のとらえ方と関係性の実態

## 8.1　生活を人間関係でとらえる方法

### 8.1.1　生活組織における人間関係のとらえ方

　世帯や家族の関係性については，夫婦関係，親子関係とともに，親族などとのさまざまな関係が考えられる．家族関係についての研究は家政学はもちろん，社会学，法学，心理学，社会福祉学，人類学などの多くの学問分野で進められている．本節では，生活組織の人間関係の調整という生活経営学に関連の深い研究として，生活組織における労働である家事・育児の分担の関係，介護労働におけるケアされる側の状況とケアする側の関係，さらに，家族と職場，地域コミュニティなどとのインターフェイス部分の調整の研究を紹介する．さらに，本節では取りあげないが，児童虐待，夫婦間暴力など，生活組織での人間関係の調整に関わる研究も多くの分野で行われている．

　生活の組織である世帯や家族の人間関係をとらえる方法は多様である．まず，自分で研究目的に従って調査を実施し，データを集め分析する方法がある．調査方法には，大規模な質問紙調査でデータを収集する量的調査や，現地で対象者にインタビュー（面接）を行ってデータを収集する質的調査がある．また，両方を組み合わせた調査研究もある．そして，他の研究機関が行った調査の公開データ（二次データ）を用いて分析する方法もある．「国勢調査」や「人口動態統計」などの政府統計を利用して統計分析を行う方法や，国や自治体などの機関が行ったインタビュー調査結果を用いた分析の方法などもある．さらに，先行の研究結果から枠組みを組み立てるなどの理論研究もある．

## 8.1.2　生活組織における人間関係をとらえる方法の具体例

### a.　家事・育児の分担の関係をとらえる方法

　生活組織における家事・育児の分担は，生活時間から分担状況を把握することができる．第6章で確認した通り，女性に比べ男性の家事・育児時間が非常に短い．しかし，平均値では低いものの，実際には家事・育児に積極的に関わる夫もいる．「どんな夫が家事・育児をするのか？」と夫の家事分担を規定する要因をまとめた稲葉（1998）によれば，表8.1のとおりである．①学歴や所得差が少ないほど分担が平等になるという相対的資源仮説，②時間的制約が少ない方が家事を行うという時間的制約仮説，③性別役割分業観を強く支持している男性ほど家事に参加しないという性役割イデオロギー仮説，④家事・育児のニーズが高まれば夫の参加が高まるというニーズ仮説，⑤夫婦以外の家事をする人がいれば夫婦とも家事参加が減るという代替資源仮説，⑥夫婦の情緒関係が高いほど夫の家事参加が高まるという情緒関係仮説である．

　この仮説に従った研究では，量的調査による重回帰分析で要因を求める研究が多い．末子が保育園児で共働きの核家族世帯を対象に家事・育児分担の規定要因を調べた例では，育児分担，家事分担とも相対的資源仮説，時間的制約仮説，性役割イデオロギー仮説，そして情緒関係仮説が支持されている（久保，2017）．質問項目，分析方法，調査対象者をどのように設定するのかによって結果に多少の違いがみられるが，稲葉のまとめた仮説は多くの研究で支持されている．なお，育児については，子育てに関する「清潔さ」などのスタンダード（標準）が高い父親ほど子育てに参加するなどの仮説も提示されている（石井クンツ，2013，p.151）．夫婦の分担の不均衡は，家族の中のジェンダーに関わる問題でもあり，家族の関係性の調整という課題に迫ることができる．

表8.1　夫の家事参加の規定要因についてのおもな仮説（稲葉，1998より作成）

| 仮説の名称 | 内　容 |
|---|---|
| ①相対的資源仮説 | 学歴差や所得差が少ないほど家事分担が平等になる |
| ②時間的制約仮説 | 時間的制約が少ない方が家事を行う |
| ③性役割イデオロギー仮説 | 性別役割分業観を強く支持している男性ほど家事に参加しない |
| ④ニーズ仮説 | 家事・育児のニーズが高まれば，夫の家事参加が高まる |
| ⑤代替資源仮説 | 夫婦以外に家事をする人がいれば夫婦とも家事参加が減る |
| ⑥情緒関係仮説 | 夫婦の情緒関係が高いほど，夫の家事参加が高まる |

## b. 介護を受ける側と介護する側の関係をとらえる方法

2000年に施行された介護保険制度は，要介護者の尊厳を守り，その有する能力に応じ自立した日常生活を営むことができるように，国民の共同連帯の理念にもとづき設けられた制度である．しかし次節の図8.7をみても，介護役割は依然としておもに家族によって担われている．

介護を受ける側の状況によって，介護する側が健康，家族との関係，収入，仕事などに受ける影響について，図8.1のような分析モデルが考えられている．このモデルは菊澤（2017）が先行研究の図を参考に作成した分析モデルである．この分析モデルをもとに行った調査分析からは，介護者の抑うつは，高齢者の障害の程度，介護そのものの大変さよりも，障害の程度が介護者の社会生活，家族生活，就業生活，経済生活上の困難に関連し，その困難が抑うつと関連していることが示されている．困難の具体的な質問をいくつか取りあげると，「自分のための時間が減った」，「他の家族のことに思うように手が回らなくなった」，「支出が増えた」，「仕事を辞めた」などの項目である．この研究では，家族介護は介護を代替・分有するサービスが外部に十分整備されることによってはじめて保障されるとしている．

介護などの問題はケアラーへのインタビュー調査からも問題が把握されている．「介護」「看病」「療育」「世話」など，ケアを必要とする家族などを無償でケアする人をケアラーとした調査では，ケアラーはケアをしている相手への支援策と，ケアラー自身への直接の支援策の両方を強く望んでいることとともに，ケア

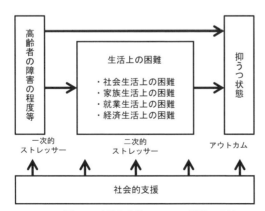

（注：Pearlin ら（1990）の図を参考に菊澤が作成した分析用モデル．図からは省略されているが，各要因には背景要因の影響も想定されている．）

**図8.1** 高齢者介護のストレス過程の分析モデル（菊澤，2017）
ここで高齢者介護とは要介護高齢者の家族介護をさす．

ラー自身が自分の困りごとが整理できず，誰に相談してよいか困っている実態も示されている（堀越，2013）．介護の問題は国民の共同連帯の理念で社会で担うとされても，まだ家族の負担が大きく，それが家族の関係性にマイナスの影響を及ぼしていることが示されている．

### 8.1.3　家族と仕事，コミュニティとの関係をとらえる方法

　育児や介護などの家族内の関係性は，前項でみたように職場や地域の状況とも深く関わっている．Voydanoff（2007）は，仕事と家族における要求と資源の不一致を減らしたり，取り除いたりするためにワーク・ファミリー・フィットの概念とモデルを作成し，表8.2のように，個人や家族の間でとられる行動を「境界を超える戦略」としてうちだした．Voydanoff は，先行研究にもとづいて，時間的な要求を断る，心理的負担となる要求を断る，資源を増やすという3つの戦略について，それぞれ仕事と家族，コミュニティでの具体的な行動をあげている．アメリカの研究において示された戦略であり，日本にそのまま適用することはできないが，分析軸は参考になる．時間的・精神的な要求を減らすために仕事の時間を削減する，家事を減らす，コミュニティのボランティアを断る一方，資源を増やすために収入を増やす，育児サービスを増やす，コミュニティサービスを利用するなどの仕事と家族の一致の戦略を取りあげている．この表は，家族の生活は単独で成り立つわけではなく，コミュニティや職場環境と深く結びついており，生活組織の内外の資源をどのように調整するのかという生活経営の課題を示す戦略の一覧としても利用可能である．

表8.2　仕事，家庭，コミュニティにおける「境界を超える戦略」（Voydanoff, 2007）

| | 仕　事 | 家　族 | コミュニティ |
|---|---|---|---|
| 時間的な要求を断る | 仕事時間の削減<br>残業を断る<br>仕事スケジュールの変更<br>出張を断る | 家族で過ごす時間を減らす<br>介護・育児などケアを少なくする<br>子どもの数を制限する<br>家事を減らす | ボランティアを断る<br>非公式な協力を断る |
| 心理的負担となる要求を断る | きつい仕事を断る<br>出世を断る<br>割り当てられた仕事を断る | | 引越しをする<br>子の学校を変える |
| 資源を増やす | 仕事時間を増やす<br>収入を増やす<br>より豊かな職につく<br>自営業になる | 育児サービスを利用する<br>家事サービスを利用する<br>家族構成員の有業者を増やす<br>仕事と家庭への支援を増やす | 地域のサービスを利用 |

■ Let's try!
　まず，図8.2に従って，社会科学の研究方法の1つを紹介しよう．

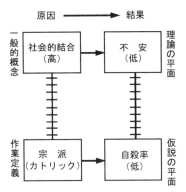

図8.2　概念と作業定義との関係（高根，1979）

　図8.2は，社会学者の高根（1979）が，因果関係に関する理論と仮説の関係をデュルケムの『自殺論』を用いて図式化したものである．「一般的概念」は，「社会的結合の高い集団の場合，この成員は集団の結束力に守られて，孤独な不安感から逃れることができる．」という因果関係である．この抽象度の高い一般的概念を観察するためには，観察できる具体的定義である「作業定義」が必要となる．「作業定義」は，「社会的結合の高い集団であるカトリック信者の方が，結合の低い集団であるプロテスタント信者よりも，不安の高さを示す自殺率が低い．」という因果関係であり，この仮説を立てて，自殺率のデータの分析を行うというものである．
　では，この理論と仮説の関係を現代の家族の問題（図8.3）で考えて説明してみよう．
　（説明例）　理論は，「夫や妻がもつ資源や勢力の格差が，家庭内のジェンダー平等・不平等を規定する」．この理論から作業仮説を設定すると，「夫の収入が妻の収入より高ければ，夫は育児・子育てにあまり参加しない」という仮説ができる．

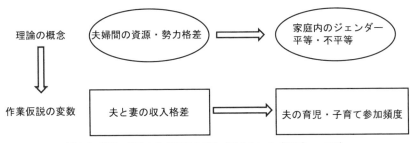

図8.3　理論の概念と作業仮説の変数（石井クンツ（2013），p.110）

〔久保桂子〕

## 8.2　さまざまな関係性・ネットワークの実態

### 8.2.1　夫婦の家事，育児分担の実態

前節で述べたように，仕事と生活の調和を実現するために，家庭内外の関係性を見直し，調整する必要性がある．ここでは，ジェンダーの視点にもとづいて夫婦の家事・育児分担の実態についてみてみよう．

図8.4は，妻の就業形態別に，妻の家事分担割合をみたグラフである．社会では女性活躍がめざされ，女性の社会参画が進んでいるが，常勤で働いていても，約65％の妻が家庭内で80％以上の家事を担っていることがわかる．

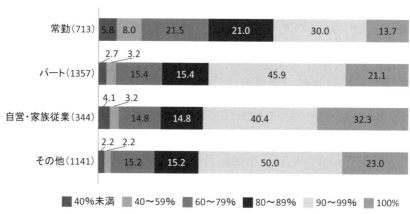

**図8.4**　妻の就業形態別にみた妻の家事分担割合（国立社会保障・人口問題研究所，2013）

図8.5は，第1子出生年別にみた，第1子出産前後の妻の就業変化である．2014年の女性の育児休業取得率は86.6％と高いにもかかわらず，第1子を出産した女性全体に対して出産後にも仕事を継続している女性は38.3％にとどまることがわかる．これは，妊娠前や妊娠中から無職となる女性が多いことも原因で，妊婦や産婦が働きにくい現状が垣間見られる．

また，図8.6は児童相談所での児童虐待対応件数の推移である．児童虐待対応件数も増加の一途をたどっており，1990年には約1,100件だったのが，2018年には約16万件まで増加している．女性のみならず，いろいろな人が子育てに関わることが望ましい．

世帯の小規模化，共働き化，ジェンダーなどの視点から考えると，家事・育児

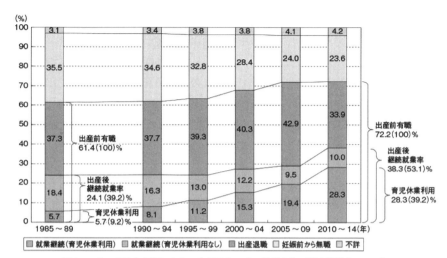

**図 8.5** 第一子出生年別にみた，出産前後の妻の就業変化（厚生労働省，2018）
対象は第一子が 1 歳以上 15 歳未満の初婚どうしの夫婦の妻（年齢 50 歳未満）．図中の（ ）内の数値は
出産前に就業していた妻に対する割合．

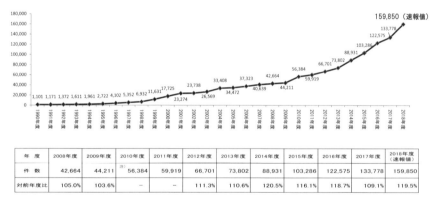

| 年　度 | 2008年度 | 2009年度 | 2010年度 | 2011年度 | 2012年度 | 2013年度 | 2014年度 | 2015年度 | 2016年度 | 2017年度 | 2018年度<br>（速報値） |
|---|---|---|---|---|---|---|---|---|---|---|---|
| 件　数 | 42,664 | 44,211 | [注]<br>56,384 | 59,919 | 66,701 | 73,802 | 88,931 | 103,286 | 122,575 | 133,778 | 159,850 |
| 対前年度比 | 105.0% | 103.6% | － | － | 111.3% | 110.6% | 120.5% | 116.1% | 118.7% | 109.1% | 119.5% |

**図 8.6** 児童相談所での児童虐待対応件数の推移（厚生労働省，2019 を一部改変）
平成 22 年度の件数は，東日本大震災の影響により福島県を除いて集計．

は女性にかたよるべきではない．そのためには，家庭内で分担して行うほか，家
庭外の資源を活用するという方法もある．最も身近なところでは，子どもの祖父
母の手を借りることが考えられる．祖父母が近居でない場合は，地域の高齢者な
どが活躍しているファミリー・サポート事業なども，夫婦の子育てを支援するネ
ットワークとなりうる．朝日新聞（2011 年 7 月 13 日）に，定年後，地域の子育
てに積極的にかかわる高齢の男性が "イクジイ" として掲載され，以来，さまざ

まな NPO 法人や地域で子育てに参画している "イクジイ" が登場している.

　また，各自治体でも，子育て支援を積極的に行っている（例：長岡版ネウボラ（コラム参照））．ネウボラとは，フィンランド発祥の自治体による子育て支援拠点である．妊娠期から出産・育児まで切れ目のない子育て支援を行うことを目的としており，医療や健康面のみならず，子どもの成長や家庭，仕事などの相談もできる．日本では，2017（平成 29）年 4 月より設置された子育て世代包括支援センターが「日本版ネウボラ」として，母子の支援にあたっている.

### ▶コラム　ネウボラと日本での取組み（新潟県長岡市）

　長岡市では，妊娠から出産・育児まで切れ目のない子育て支援を，2015（平成27）年度より，全国に先駆けて展開している（表 8.3）．子育て支援施設「子育ての駅」など計 24 ヶ所（2019 年現在）の子育て世代包括支援センターが存在している.

　2015（平成 27）年 6 月，産後の母親を支援する拠点施設「ままリラ」を開設し，「ネウボラ」をモデルに母親支援の拠点施設とした．助産師が常駐し，体調の相談や，育児サークルの紹介など幅広く対応している．妊産婦で，これからの出産・育児や赤ちゃんについて心配な妊婦，授乳などについて相談したい，育児の疲れや負担を感じて身体を休めたいと思っている人などが支援の対象となっている.

表 8.3　長岡版ネウボラの取組み（厚生労働省（2017a），p.21 より作成）

| | 産後デイケアる〜む ままリラ | 産後デイケアる〜む ままナビ | ままのまカフェ |
|---|---|---|---|
| 実施場所 | マンションの 1 室 | 保育園（別棟） | 子育て広場 |
| 対象者 | きめ細やかな支援を必要とする妊産婦（0 歳児） | おもに妊産婦（0 歳児）就園前の希望者も利用可能 | おもに 0 歳児とその家族 |
| おもな対応者 | 産後ケアコーディネーター（助産師） | 保育士 | 母子保健推進員 |
| 対応者 | 助産師・保健師・栄養士・臨床心理士など | 助産師・保健師・栄養士など | 助産師・保健師・栄養士・歯科衛生士など |
| 内容 | 母親の健康支援 妊産婦の相談，産後の心身のケア | 母親の学びの場 具体的な育児方法や関わり方を学ぶ | 親同士の交流の場 当事者目線での相談 |

## 8.2.2　介護役割の実態

2000 年に公的介護保険制度が施行され，高齢期になっても自立した生活を送

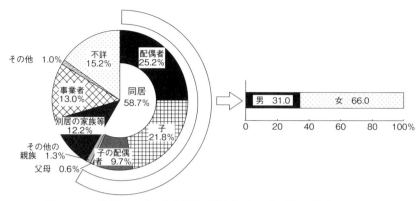

**図8.7** 要介護者などからみた介護者の続柄（平成28年，厚生労働省（2017b））
データは熊本県を除く46都道府県．右は同居のおもな介護者の性別構成割合．

れることを目標に，40歳以上で保険料を負担し，介護が必要になった際（40〜64歳の場合は一定の条件つき）に定率負担をすることで，介護サービスが権利として受けられるようになった．しかし，図8.7に示されるように，介護者の約7割は家族である．また，同居の介護者のうち，約3分の2が女性である．介護，看護による離職者は年間10万人にものぼり，介護者は多くの悩みや身体的負担，健康問題を抱えている．

近年，ダブルケア（育児と介護を同時に行うこと）をする人々の存在が知られるようになった．ダブルケアを行う人は約25万人と推計されており（内閣府，2016），ダブルケアによって「業務量や労働時間を減らした」者は，女性では約4割にのぼる．また，ケアを行う人の中には，若年者も存在する．234の自治体のうち，「ヤングケアラー（若年介護者）」と思われる子どもの実態を把握している自治体は34.2%，「ヤングケアラー」と思われる子どもはいるがその実態は把握していない自治体は35.0%と，あわせて約7割の自治体に若年介護者が存在している（三菱UFJリサーチ＆コンサルティング，2019）．ヤングケアラーの中には，就学や仕事のほか，友人関係や将来への希望もあきらめなければならない者もおり，女性にかたよりやすい介護役割とともに，若年者が担う介護役割も，調整が急務である．

### 8.2.3 家族を支える地域資源
ここまでのように，従来より家族，とりわけ女性が担ってきた家事や育児，介

護といった一連のケア行為が，家族員だけでは充足できなくなっている．そのため，保育や介護のサービス，長岡版ネウボラのような自治体での取組みなどの資源が，地域にはさまざま存在する．

しかし，子どもや高齢者といったケアを必要とする人に対する支援は存在するが，ケアを行う人（ケアラー）と生活に対する支援や，問題が複合的に絡み合い全体的に理解が必要な支援は，まだ多くはない．ここでは，その有効な取組みの1つである「千葉県中核地域生活支援センター」（以下，「中核センター」）について紹介する．

この中核センターでは，制度の狭間や複合的な課題を抱えた人など地域で生きづらさを抱えた人に対して，地域福祉のセーフティネットとして，包括的な相談支援・関係機関のコーディネート・権利擁護などの広域的，高度専門性をもった寄り添い支援を行っている．相談件数は，平成 17 年度の 50,204 件から平成 30 年度には 75,936 件まで増加しており，ニーズが高まっている．

朝比奈（2013）によれば，中核センターに寄せられる特徴的な相談ニーズは，① 多くの生活問題が複合的に絡み合っている問題，②「生活のしづらさ」に気づかない，気づけていない相談，③ 社会（地域）から孤立している相談，である．最初は育児や介護の相談をしていたが，経済的問題や家族関係，孤立などの問題が複雑に絡み合っているケースや，困っていながらも誰にどう相談するかがわからないケースや，関係づくりが難しい，周囲から受け入れられないために生活困難を抱えていても問題解決に結びつかないケースなどである．

育児や介護，障がいなどといった特定のニーズの場合は，そのニーズを満たす地域資源が存在し，支援を受けることができる．しかし，そのような縦割りの対応では解決できないニーズや，個人を総合的に理解すべきニーズを満たす地域資源が今後はより必要となる．

こうした取組みは，生活の当事者（と家族など）が日常生活の中で出会うさまざまな問題や課題に，自分で，あるいは他者とともに，効果的で創造的な対処ができるよう生活経営力を高めて行く取組みである（堀越，2013）．このような生活支援が今後はより必要とされるだろう．　　　　　　　　　　　〔平野順子〕

## 文　　献

朝比奈ミカ（2013）「孤立した人への生活支援の実践と地域づくりの課題」『生活経営学研究』

No.48，11-17

堀越栄子（2013）「生活経営学の視点からみた生活支援活動の方向性─ケアラーの生活支援を事例として─」『生活経営学研究』No.48，25-30

稲葉昭英（1998）「どんな男性が家事・育児をするのか？　社会階層と男性の家事・育児参加」『現代日本の社会階層に関する全国調査研究　第15巻　階層と結婚・家族（科学研究費補助金研究成果報告書）』（研究代表者：盛山和夫）1995年 SSM 調査研究会.

石井クンツ昌子（2013）『「育メン」現象の社会学─育児・子育て参加への希望を叶えるために─』ミネルヴァ書房

菊澤佐江子（2017）「介護保険制度化の高齢者介護と家族の負担─ストレス家庭からみた現状と課題─」『季刊家計経済研究』No.113，20-29（図8.1：Pearlin, L. I., J. T. Mullan, S. J. Semple et al.（1990），"Caregiving and the Stress Process: An Overview of Concepts and Their Measures", *Gerontologist*, 30（5）：583-594）

国立社会保障・人口問題研究所（2013）「現代日本の家族変動─第5回全国家庭動向調査」http://www.ipss.go.jp/ps-katei/j/NSFJ5/Mhoukoku/Mhoukoku.pdf（2020年6月19日閲覧）

厚生労働省（2017a）「平成28年度子育て世代包括支援センター事例集」https://www.mhlw.go.jp/file/06-Seisakujouhou-11900000-Koyoukintoujidoukateikyoku/H28houkatusiennsennta-zireisyu.pdf（2020年6月19日閲覧）

厚生労働省（2017b）「平成28年国民生活基礎調査」https://www.mhlw.go.jp/toukei/saikin/hw/k-tyosa/k-tyosa16/（2020年6月19日閲覧）

厚生労働省（2018）『平成29年版厚生労働省白書─社会保障と経済成長─』

厚生労働省（2019）「平成30年度児童相談所での児童虐待相談対応件数〈速報値〉」https://www.mhlw.go.jp/content/1191000/000533886.pdf（2020年6月19日閲覧）

久保桂子（2017）「共働き夫婦の家事・育児分担の実態」『日本労働研究雑誌』No.689，17-27

三菱UFJリサーチ＆コンサルティング（2019）「平成30年度子ども・子育て支援推進調査研究事業　ヤングケアラーの実態に関する調査研究報告書」https://www.murc.jp/wp-content/uploads/2019/04/koukai_190426_14.pdf（2020年6月19日閲覧）

長岡市．「子育て」https://www.city.nagaoka.niigata.jp/kosodate/cate02/

内閣府男女共同参画局（2016）「育児と介護のダブルケアの実態に関する調査」（内閣府委託調査：株式会社 NTT データ経営研究所実施）http://www.gender.go.jp/research/kenkyu/pdf/ikuji_point.pdf（2020年6月19日閲覧）

高根正昭（1979）『創造の方法学』p.68，講談社

Voydanoff, P.（2007）"*Work, Family, and Community: Exploring Interconnections*"　p.137，Lawrence Erlbaum Associates

# 第9章　ケイパビリティ・アプローチ

## 9.1　生活を行為・活動でとらえる

### 9.1.1　生活をとらえる

　生活の問題をとらえる場合，第6章，第7章，第8章のように，時間や金銭，ネットワークなどの生活資源それぞれに焦点を当てながら，掘り下げていくことが行われる．お金や時間など，それぞれの生活資源について，必要とされる水準との比較から問題状況を把握する．生活は生活資源を利用し，生活欲求を充足していく行為・行動のすべてである．生活経営は，めざすところを意識しながら生活資源を利用して行われる活動である．ここでは，資源の側からではなく，行為・活動の側から生活のあり方に接近する方法を取りあげる．生きていくのに欠かせない行為・活動を具体的に考えてみよう．

### 9.1.2　ケイパビリティ・アプローチ

　A. セン（1999）は，所有する金銭や財ではなく，達成しうる「機能（functioning）」（ある状態になったり（being），何かをすること（doing））により生活をとらえている．「適切な栄養を得ている」「健康状態にある」などの生命維持に関わる基本的なものだけでなく，「自尊心をもっている」や「社会生活に参加している」などの社会関係の中で想定されるものも含まれている．生活は「相互に関連した「機能」の集合とみなすことができる」とし，これらが福祉（well-being）（その人の生活の質，いわば「生活のよさ」）の構成要素としている．選択可能な「機能」の集合をケイパビリティ（capability,「潜在能力」）と呼び，ケイパビリティの実現とは「本人が価値をおく理由のある生を生きられること」である．

　生活の豊かさをお金ではかる場合，使用可能な貨幣量でどのような財（モノ）

やサービスの組合せを購入できるかをとらえるが，ケイパビリティ・アプローチでは，「機能」の集合であるケイパビリティによりどのような生活を選択できるかをとらえることになる．適切な栄養を得るためには，まず，十分な栄養素を含む食品があり，それを手に入れられることが必要である（多くの場合，お金が必要である）．これらを可能とするには，必要な栄養素について知っていること，体内に取り込む力（健康な体）が必要である．つまり，単に，モノやお金があるだけでなく，教育や医療，保健サービスなど「潜在能力」が生かされるような制度やしくみ，環境が必要である．

### 9.1.3 「生活」を考える—機能のリスト化—ワークショップ

「機能」を具体的にリスト化することについて，普遍的な内容のものを定めるべきとの考え方がある一方，社会のあり方によって決まるものであり，人々の公共的な議論にもとづき決めていくという考え方もある．また，生活全体を視野に入れるだけでなく，特定のケイパビリティに焦点化して検討することもある．

生活問題は，日々の生活を整える活動である家事行為を行えないというかたちで表出すると考えたC.ウィリアムズらは家事行為に絞って不可欠な行為44項目（9.2節参照）を取りあげ，そのリストをもとに，なぜそれを不可欠と考えるのか，またその家事の実施状況の調査により生活実態とその人の置かれている状況を調査し，問題の原因を検討している（石田，2008）．ウィリアムズらの取りあげた家事行為には，住宅事情などの異なる日本では必ずしも不可欠と思われない項目も含まれている．家事項目にとどまらず，日本において生活に不可欠な行為はどのように設定されるだろうか．

以下のワークショップの手順（図9.1）は，グループでの実施を前提にしている（グループは数人で構成．なお，時間に余裕がある場合には，話し合いの時間を増やした方がよい）．

①生活する，生涯生きていくのに必要な行為・活動

「生活する，生涯生きていくのに必要な行為・活動」にはどのようなものがあるか具体的にあげてみよう．生きている時代や場所により，思い浮かぶ生活状況が異なり，必要と考えることが異なる．あなた自身が生活している場所・地域，時代を前提として考えてみよう（このワークショップを一緒に行う人が共通的に考えられる地域を想定しよう）．生涯にわたって必要なことだけでなく，一生を通じて必要ではないかもしれないが生涯生きていくために必要と考えられるこ

| | |
|---|---|
| 「生活する、生涯生きていくのに必要な**行為・活動**」には、どのようなものがあるか。<br><br>**ワークショップの流れ**<br>①個人ワーク（10分）<br>　個人で項目列挙<br>②グループワーク：班で意見を共有（60分）<br>　班で項目列挙（30分）<br>　項目のグループ化（30分）<br>　発表用にレイアウト<br>③発表（参加者全員で意見を共有）<br>　発表・意見交換<br>④各自ワークショップの振り返り | ①個人ワーク<br>「生活する、生涯生きていくのに必要な行為・活動」には、どのようなものがあるか。<br>　生活の場所：今私たちが暮らしているあたり<br>　時代：今私たちが生きている、これから生きる時代<br>・各人自由に発想し思いつく限りを付箋に書く<br>・1枚の付箋には1つの事項（付箋は糊部分を左にして、横書きで使用）<br>・全ての人に普遍的なこと（こちらを中心に）、特定な場合に必要なことについては、項目を〇で囲む |
| 1 | 2 |
| ②グループワーク：グループで意見を共有<br>・順番に1人1つずつ、理由を説明しながら、模造紙に貼り付ける。（初めての人がいる班は初回の順番の時に、各自簡単に自己紹介してください。）<br>・同様の理由で同じ内容を挙げていれば、重ねる。<br>・重ねた中で最も意図する内容を表していると思うものを1番上に。<br>全員のすべての付箋を貼付終わったら、<br>・あがった項目をいくつかの項目にまとめることができないか話し合い、もう1枚の模造紙に付箋を移動。<br>・まとめた項目にタイトルをつける。<br>・できれば、線を引いたり、貼付レイアウトを工夫。 | ③発表：参加者全員で意見を共有<br>・グループごとに集約の仕方、あがった項目、を5分程度で発表<br>　時間の関係で、まずはまとめた項目について。<br><br>**④各自ワークショップの振り返り** |
| 3 | 4 |

図9.1　「生活」を考えるワークショップの進め方

と，いずれも含めて考えてみよう．まずは現在の自分について，さらに過去（今より幼かった・若かったころ）から将来の状況も思い浮かべながら考えよう．好みや価値観など各人で必要と考えることは異なるが，おおむね普遍的（すべての人にとって必要）な行為・活動を考えてみよう．ある人にとっては仕事や学業以外の時間で楽器を演奏することは不可欠なことかもしれないが，別の人は映画を見ることが不可欠と考えるかもしれない．

　思い浮かんだ行為・活動が必要だと考えた理由はどのようなものだろう．「働く」という行為が思い浮かんだ場合，収入を得る手段として必要と考えたかもしれない．それだけでなく，自分の能力を発揮し生きがいを感じられるから，と考えた人もいるかもしれない．ある行為・活動について異なるいくつかの理由で必要不可欠と考えた場合には，異なる項目としてあげておこう（付箋に行為・活動を思いつく限りあげる．1枚の付箋には1つの行為・活動のみ記入する．付箋の向きや横書き・縦書きなどの書式は参加者全体でそろえておくとよい）．

②「生活する，生涯生きていくのに必要な行為・活動」内容の共有

　同じグループの人たちと考えた内容について，話し合いをしよう．1人ずつ，1つずつ順番に，必要だと考えた行為・活動を理由とともに，他の人に説明して

みよう．他の人は必要だと理解できなければ質問し，話し合いを経て，おおむね
すべての人の生活に必要な行為・活動であることが理解されたら，グループとし
て必要な行為・活動に取りあげる．前項で，ある人は楽器の演奏，別の人は映画
の鑑賞を欠かせないと考えていたが，これらの活動は必要な理由が重なっていれ
ば，両方を含む別の名前の活動として取りあげることができるかもしれない．

　（ワークショップでは，必要な行為を書いた付箋やカードを模造紙に置く．グ
ループの他の人で同じ理由で同じ行為・活動をあげている人がいれば，その付
箋・カードを重ねる．重ねた中で意図する内容を最も表しているものを1番上に
する．）

③「生活する，生涯生きていくのに必要な行為・活動」内容の集約

　付箋に書いた項目は，1つ1つばらばらではなく，何かしら共通項でくくるこ
とができる．どのようなまとまりがつくれるか，またそのまとまりはどのような
名称でくくることができるか，まとまり同士の関係が示せるか，模造紙の上で付
箋の場所を移動しながら（別の模造紙に移してもよい），グループの人と協議す
る．まとまりを考えるときにも，なぜ必要と考えたかという理由を参考にする．

　表9.1には，生活経営学の研究者により実施されたワークショップにおいてあ
がった行為・活動（アイテム）を集約した項目を示している．各列に5つのグル
ープの結果を示している．人との関係に関わる項目群，社会との関係に関わる
群，働くことに関わる群，健康に関わる群，家事をしたり生活環境を整えること
に関わる群，楽しみや趣味に関わる群，学ぶことに関わる群，リスクやセーフ
ティネットに関わる群，生活の安定に関わる群，安全に関わる群，医療受診の群，
情報に関わる群，自尊心をもって生きる・自分らしく生きるなどの群，生活習慣
獲得の群，移動に関わる群が設定され，これらを「機能」としてとらえていると
いえる[1]．

### 9.1.4 ケイパビリティ・アプローチによる生活・社会の評価

　生活を評価するためには，各「機能」の中から代表的といえる行為・活動をど
れにするか協議し，調査指標を作成することが必要である．ウィリアムズらのよ
うに，家事をしたり生活環境を整えることに関わる「機能」だけに焦点をあて
て，具体的に話し合いであげられた項目をリストとすることも考えられる．

　作成されたリストの中にあげられた行為・活動の実施状況から生活の困難状況
をとらえることになる．また，行為・活動を行っていない場合には，その理由か

表9.1　ワークショップにより設定された機能（重川・久保，2014）

| 大分類 | 中分類 | 1班 | | 2班 | 3班 | 4班 | 5班 |
|---|---|---|---|---|---|---|---|
| 社会と関わる | 人と関わる | 人と関わる | 生存する 自己実現する 持続可能性 | 親密な関係を築ける 主体 支援する 受動 支援する 相互支援する | つながりをつくることができる 多様な価値を認めあう | 人と交流する 人とコミュニケーションを図る 人と助け合って生活できる 家族をつくることができる | 交流する 家族関係を保つ 人の世話をする 家族を形成する* |
| | 社会参加する | 社会参加する | | 社会環境を改善できる | | 社会の生活の向上や安定に貢献する | 社会生活の秩序を保つ 社会参画する 公共サービスを利用する |
| | 仕事をする | 仕事をする | | | | 日々の生活を経済的に支える | 仕事をする |
| 人生を見つめる | 健康に過ごす | 健康に過ごす | | 身体的な健康を保つ 精神的な健康を保つ | 心身の健康を保つことができる | 健康を保持する | 体を整える 運動する |
| | 休む 食べる 清潔にする 家事をする | 休む 食べる 清潔にする 家事をする | | 個人生活を改善できる | つくる，つくりかえる喜びがある | 清潔な生活をおくる 環境に配慮した生活をおくる | 生活環境を整える |
| 消費する | 楽しむ 趣味をもつ | 楽しむ 趣味をもつ | | | | 生活を楽しむ | 教養を高める 楽しみをもつ |
| | | | | 教育を受ける | 学ぶことができる | | |
| | | | | | 緊急時のセーフティネットがある | リスク管理をする | |
| | | | | | 生活が安定している | 将来の安定を図る | |
| | | | | 安全で便利な生活ができる | | 安全な生活を送る | 安全を確保する |
| | | | | | | | 医療を受ける |
| 社会と関わる | 情報を得る | 情報を得る | | | | 情報の発信や受信ができる | 情報を得る |
| | インフラを整備する | インフラを整備する | | | | 移動の欲求を満たす | 移動する |
| | | | | 生活習慣が身についている | | | |
| | | | | 自尊心をもって生活できる | doでなくbeが尊重される | 人生を主体的に選択できる 人権が守られる | 自分らしく生きる |

\* 結婚だけでなく離婚，再婚することも含めたものであり，特定の価値をおくのではなく，生活の基礎集団としての家族は将来もあり続けるであろうとの前提による

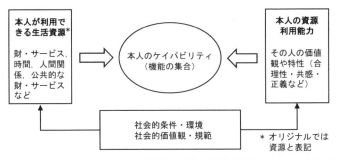

図9.2 ケイパビリティ・アプローチによる生活・社会の評価（石田（2014），p.4 を一部改変）

ら必要な対応を考えることになる（図9.2参照）．生活資源に不足はなく行為・活動を行おうと思えば実行できるものの，あえて実行していない場合には問題ないが，金銭や時間の不足，情報不足，知識や技能の欠如など何かしらの生活資源の不足が原因の場合，個人的に解決するための方法だけでなく，社会的な対策を検討する必要がある．ワークショップは，指標を考える公共的討議の手段であるが，議論への参加は参加者自身が生活の成り立ちや現在の生活状況を意識して考える機会にもなる． 〔重川純子〕

## 9.2 「機能」の実現と実態

前節では，ケイパビリティ・アプローチの説明とともに，具体的に生活する，生涯生きていくのに必要な行為・活動（「機能」）の内容を検討するワークショップの実施方法を説明した．本節では，まず，前節のワークショップでの一例を紹介する．さらに，対象を限定して「機能」の実現の実態把握を試みる．センのいう「本人が価値をおく理由のある生」（セン，1999）は，年齢や性，職業などの属性や，健康状態，さらに社会階層などにより，異なると考えられる．それぞれの状態に応じた「機能」のリストを検討することにより，対象者が抱える生活問題の特徴や達成できていない「機能」が明らかにできる．

### 9.2.1 ワークショップで析出された「機能」の例

図9.3は，ワークショップの2班のまとめ（上村，2014）である．班員が付箋に書き出した約100項目の「生活行為・活動の項目」をグループ化し，グループに「機能」を表すタイトルをつけて「機能」を配置したものである．図には，

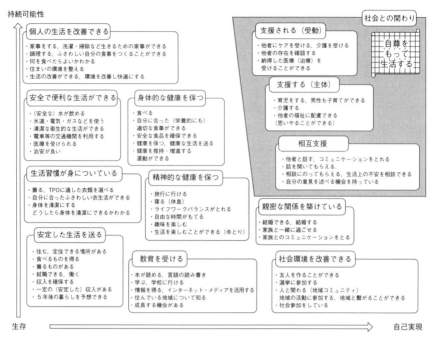

**図 9.3**　「生活する，生涯生きていくのに必要な生活行為・活動」マップ（上村，2014）

「個人の生活を改善できる」，「安全で便利な生活ができる」，「身体的な健康を保つ」，「精神的な健康を保つ」，「生活習慣が身についている」，「安定した生活を送る」，「教育を受ける」，「親密な関係を築けている」，「社会環境を改善できる」，「自尊をもって生活する」の「機能」と，各「機能」の枠に具体的な生活行為・活動を記した．たとえば，「安全で便利な生活ができる」という「機能」の枠には，「（安全な）水が飲める」，「医療を受けられる」などである．

### 9.2.2　女性非正規雇用者によるワークショップで示された「機能」

　女性非正規雇用者を対象としたワークショップの結果（山本，2017）を紹介する．表 9.2 は，20〜40 歳代の女性非正規雇用者（居住地は東京）を対象としたワークショップ（調査対象者は 11 名で，5 名のグループ，6 名のグループに対し計 2 回実施）によりあげられた生活に必要な「機能」の一部である．生活するためには金銭が不可欠であり，所得の大小は生活の質を大きく左右する．一般的に貧困は所得により測られることが多く，貧困に陥る要因の 1 つとして，低収入・

表 9.2 女性非正規雇用者の生活に必要な「機能」のリスト

| 「機　能」 | 具体的な生活行為・活動 |
|---|---|
| ① 身体的・精神的に健康でいる | 食事をする／料理をする／寝る／部屋の掃除をする／お風呂に入る／洗濯する／リラックスする／ストレス発散する |
| ② 学ぶ | 本を読む／旅をする／勉強する／習い事をする |
| ③ 人間関係を構築・維持する | 家族・友人・恋人と食事をする／家族・友人・恋人と話す／結婚する／人脈を広げる／約束を守る／電話をかける／手紙を書く |
| ④ 生活に必要な情報を収集する | ネットを見る／テレビを見る／ニュースを見る／新聞を読む |
| ⑤ 生活を楽しむ | 買い物をする／旅行に行く／外食する／おいしいものを食べる／映画を見る／音楽を聞く |
| ⑥ 生活の安定・安全を図る | 貯金する／節約する／保険に入る／社会福祉制度を知る |
| ⑦ 働く | 資格をとる／転職活動をする／仕事をする |
| ⑧ 生活の主体者として自尊心を保つ | 一人暮らしをする／将来を考える／自分で物事を決める／勉強する／きちんとした服装をする／清潔でいる |

不安定な非正規雇用就労があげられる．労働力調査（総務省統計局，2017）によると，非正規雇用者の約 7 割は女性であり，女性非正規雇用者の約 8 割が年収 200 万円未満という低収入である．また，雇用の構造に関する実態調査（厚生労働省，2016）によると，女性非正規雇用者の約 6 割が 2 年未満の雇用契約期間で働いているということから，就業継続が不安定であることがわかる．このように，低収入で不安定な働き方をしている女性非正規雇用者の生活に必要な「機能」とはどのようなものなのだろうか．

　表 9.2 のように，① 身体的・精神的に健康でいる，② 学ぶ，③ 人間関係を構築・維持する，④ 生活に必要な情報を収集する，⑤ 生活を楽しむ，⑥ 生活の安定・安全を図る，⑦ 働く，⑧ 生活の主体者として自尊心を保つという「機能」が，女性非正規雇用者が生活で必要としている「機能」であることが明らかになった．今回のワークショップでは，表に示される具体的な生活行為・活動を実行できているか否かの確認までは行っていないが，多くの「機能」はその実現のためには金銭の支出を伴う．「健康でいる」「生活を楽しむ」などの「機能」のうち，「食事をする」「映画を見る」などは比較的少ない費用でも行える．一方，自尊心を保つ「機能」の「一人暮らしをする」や，生活の安定・安全を図る「機能」の「保険に入る」，とくに積み立て型の高額の保険に入るなど多くの費用がかかるものもある．平均年収 200 万円の女性非正規雇用者の場合，実現が困難な項目が少なくないと考えられる．家計調査などからは，生活実態として品目別に

支出が少ない（抑制している）ことをとらえることはできるが，そのことがどのような意味をもつのかについては，「機能」に着目することで，生きていくうえで重要な「機能」に関する困難さが浮かびあがる．

### 9.2.3　女性農業者の生活に必要な「機能」と生活課題

　次に，天野・粕谷（2008）は，センと同じくケイパビリティ・アプローチの研究者である M. ヌスバウム（2005）が提案した「人間の中心的な機能的ケイパビリティ」のリストを用いて高齢期に向かう女性農業者の生活課題を検討している．女性農業者の生活に必要な「機能」と，それを達成するための生活課題について一部を抜粋したものを表9.3に示す．

　この分析方法を使うことの利点として，天野・粕谷（2008，p.117）は，「全人格として生きている人間の本質」が文字化され可視化されていることをあげている．他の指標では「生活水準が高くなっても女性の地位が高くなるとは限らない」ということはみえてこなかったが，この指標では女性農業者の生活問題や人権擁護の視点が可視化されているとしている．

### 9.2.4　イギリス世帯における家事「機能」

　次に，石田（2008）が紹介したイギリスでの家事に着目した研究では，家事に必要な「機能」をリスト化している．ウィリアムズらは，イギリスにおける貧困世帯の家事や生活の改善を目的として，「生活の必要を充たすための家事『機能』のリスト」を提示した（Williams and Windebank, 2003）．このリストは表9.4に示したような44項目の家事「機能」で構成される．調査世帯の44項目の達成状況を調べた結果，貧困世帯は，所得が少ないということ以上に，友人や近所付き合いなど，困ったときに助けてくれる人間関係の乏しさという問題を抱えていることを明らかにしている．

　ケイパビリティ・アプローチはリストを作成するだけではなく，実際にそのリストを通して生活をみていくことに意味がある．分析のため傍観者的にみるのではなく，問題を抱えている人と周囲の人が一緒に関わりながら背景を含めて生活をみていくことが必要であろう．ケイパビリティ・アプローチは，生活主体が生活経営力を高めることにつながるものといえる．

表 9.3 ヌスバウムの機能的ケイパビリティと女性農業者の生活課題（天野・粕谷（2008）より作成）

| 機能的ケイパビリティ | | 生活課題の例 |
| --- | --- | --- |
| | リストの内容 | |
| 生命 | 正常な長さの人生を最後まで全うできることなど | 地域的に（JA 組織などで実施される）健康診断の受診 |
| 身体的健康 | 健康であること，適切な栄養を摂取するなど | 生活リズムを守る．家事的に自立する．男性の家事的能力の低さが娘や妻の社会参加を阻んでいる．男性の家事的自立が重要 |
| 身体的保全 | 性的虐待，家庭内暴力などの暴力の恐れがないこと，生殖に関する選択の機会をもつなど | 保全を脅かされたときに抵抗し，他に訴える実践力をもつこと，訴えることのできる人，機関を確認しておくこと |
| 感覚・想像力・思考 | これらの感覚を使えること，想像し，考え，そして判断が下せること | 新しい情報を取り込み，新しいことにチャレンジし，自由に考え，想像的に活動する時間を計画的に配置すること．狭い付き合いの枠に閉じこもることなく，コミュニケーションを広げる努力をすること |
| 感情 | 自分自身の周りの者や人に対して愛情をもてることなど | 大事な人，大切なものの自覚とそれを主張する能力と習慣をつけていくこと |
| 実践理性 | 良き生活の構想をかたちづくり，人生計画について批判的に熟考できること | 日本の農地は多くは長男によって受け継がれてきたということもあり，経営主はたいてい男性である．実際に女性（妻）がプロ意識と高度な技術をもって農業を担っていても「経営参画」していなかったり，農業労働報酬が支払われないということがある．女性農業者も家の農業経営全体を把握し，家族生活に将来の展望をもち，現実的に計画的に目標に向けて生活を実践していくこと |
| 連帯 | 他の人と一緒に，そしてそれらの人のために生きることができること，自尊心をもち，屈辱を受けることのない社会的基盤をもつことなど | 日本には女性農業者に農業労働報酬を支払わないという習慣があり，そのような習慣の中で生きる日本の女性農業者は「労働報酬がなくても当たり前」として「屈辱感を抱かなくなってしまっている（人権意識が低い）」人が多い．夫婦が使用人として上下関係を認めないこと．娘や息子の配偶者の労働報酬を認めること |
| 自然との共生 | 動物，植物，自然界に関心をもち，それらと関わって生きること | その地域，農業，動物，植物，諸生物の成長に関する専門的知識をもち，誇りをもって仕事をする |
| 遊び | 笑い，遊び，レクリエーション活動を楽しめること | 遊びや趣味活動を生活の中で位置づける．新しいことにチャレンジし，多様な能力を開拓する |
| 環境のコントロール | 自分の生活を左右する政治的選択に効果的に参加できること，資産をもつことなど | 社会参画のチャンスを拡大し，地域を活性化させることで個人に還元する．農業経営に積極的に関心をもち，経営参画すること |

**表9.4**　イギリスにおける世帯に必要な家事「機能」のリスト（Williams and Windebank（2003）；石田（2008）より作成）

| 住居のメンテナンス | 1.戸外の塗装　2.戸内の塗装　3.壁紙貼り　4.漆喰の塗装　5.壊れた窓の修理　6.家庭設備の維持・補修 |
| --- | --- |
| 住居の改修・改善 | 7.ガラスの強化　8.配線設備等の改修　9.電気工事をする　10.絶縁材を施す　11.バスルームの改修　12.ガレージの設置・改造　13.増築　14.不要な部屋の改造　15.セントラルヒーティングにする　16.大工工事をする |
| 日常の家事 | 17.掃除　18.洗濯　19.窓の掃除　20.アイロンがけ　21.春の大掃除　22.買い物　23.食事づくり　24.食後の片付け　25.調髪・整髪　26.家庭管理・経営　27.その他の家事 |
| 生活必需品の製作・修理 | 28.衣服の製作　29.ニット製品の製作　30.衣服の修理　31.家具の製作　32.庭造り・手入れ　33.家庭備品の修理　34.カーテンの製作 |
| 自家用車の維持・整備 | 35.洗車　36.車の修理　37.車の維持管理 |
| 庭仕事 | 38.屋内植物の手入れ　39.花壇・植え込みの手入れ　40.家庭菜園　41.芝刈り |
| 世　話 | 42.育児　43.ピアノレッスンなど習い事　44.ペットの世話 |

〔山本咲子〕

## 注

1)　ここで示した群の設定は暫定的なものであり，今後改善の余地がある．

## 文　　献

天野寛子・粕谷美砂子（2008）『男女共同参画時代の女性農業者と家族』ドメス出版

石田好江（2008）「低所得・長時間労働者世帯の生活実態—生活経営学におけるケイパビリティ・アプローチの可能性—」『生活経営学研究』No.43, 16-22

石田好江（2014）「生活経営学におけるケイパビリティ・アプローチの可能性」『生活経営学研究』No.49, 3-9

厚生労働省（2016）「雇用の構造に関する実態調査（就業形態の多様化に関する総合実態調査）」https://www.mhlw.go.jp/toukei/itiran/roudou/koyou/keitai/14/index.html（2019年11月24日閲覧）

ヌスバウム，マーサ著，池本幸生・田口さつき・坪井ひろみ訳（2005）『女性と人間開発—潜在能力アプローチ』岩波書店［原著2000］

セン，アマルティア著，池本幸生・野上裕生・佐藤　仁訳（1999）『不平等の再検討』，岩波書

店［原著 1992］

重川純子・久保桂子（2014）「生活経営学におけるケイパビリティ・アプローチ―生活経営主体が生活経営力を高めるために―」『生活経営学研究』No.49, 20-23

総務省統計局（2017）「労働力調査（詳細集計）平成 29 年度平均（速報）結果の概要」http://www.stat.go.jp/data/roudou/rireki/nen/dt/pdf/2017.pdf（2018 年 10 月 14 日閲覧）

上村協子（2014）「ワークショップ 2 班のまとめ『生活する, 生涯生きていくのに必要な生活行為・活動』にはどのようなものがあるか」『生活経営学研究』No.49, 12-13

Williams, C. C. and Windebank, J.（2003）"*Poverty and the Third Way*", Routledge

山本咲子（2017）「ケイパビリティ・アプローチからみた未婚の女性非正規雇用者の生活課題」『日本家政学会誌』**68**（8）, 421-429

# 第10章

# 生活手段（モノ・サービス）で とらえる

## 10.1　生活をモノ・サービスでとらえる

### 10.1.1　家の中のモノ

第9章では，生活を行為・行動でとらえたが，本章では生活するための手段として所有しているモノ（財）や利用しているサービスで生活をとらえていく．

自分がどの位のモノを保有しているか考えたことがあるだろうか．2003年に実施されたものであるが，雑誌『婦人の友』の企画で家族4人（夫婦と子ども2人）の家庭で物品を数え上げた結果，5,926点の物を所有している（婦人之友社，2003)[1]．5,926点のうち，家族の衣類・靴が1,176点である．同雑誌では，1936年に1軒分の持ち物標準が取りあげられており，5人家族で所有する衣類・靴は322点である．洋装が一般的になるなど生活様式が変化し，また，生活水準が上昇し，所有するモノが大幅に増加している．これらのモノを活用しながら生活が営まれており，活用するためには所有していることとその場所を把握し，維持管理をすることが必要になる．

### 10.1.2　サービスを利用した生活の広がり

日々の生活の営みでは，モノを利用するだけでなく，多くのサービスを利用している．たとえば，食生活で考えてみよう．米やパン，野菜や肉，魚介，調味料を使って自分や家族が調理したものを食べるほか，外食したり弁当や総菜を購入する場合もある．外食では食材とともに調理や片付けというサービスを含めて購入している．あわせて，食欲をそそるような心地よい空間に整えるというサービスを利用している場合もある．弁当や総菜の利用を中食ということもあるが，中食も外食同様，食材とともに調理するサービスを購入している．食材を購入して調理する場合には，自分（あるいは家族）により家事労働（家事サービス）が

加えられている．衣生活について，自分が保有している衣類の中で自分や家族が
つくったモノはどのくらいあるだろうか．現代社会においては，既製服という企
業がつくった服を購入することが一般的になっており，自作品はまったくない，
という人も少なくない．1967年には被服費の中で糸や布への支出が15％程度を
占めていたが，近年は1％程度になり，服や下着類の割合が増加している（重
川，2020，p.121）．衣生活でも，つくるというサービスが加わったモノを購入
することが増加している．糸や布を購入して服をつくっていた時期には，家庭内
での製作を楽にするモノであるミシンが普及していった．内閣府『消費動向調
査』によると2人以上の世帯のミシンの保有率は，1950年代の60％台から上昇
し，1977年には85％を超えた．その後低下し，2004年には60％台になり翌年に
は調査項目から外れている．ミシンや編み機などのモノの購入により，服の製作
の家事労働が軽減された．また，電気洗濯機は衣生活関連の家事のうち，洗濯作
業を大幅に軽減した．家事用耐久財が普及し，衣食住に関わる家庭内での家事サ
ービスが軽減された．近年は，直接家事サービス自体を購入することも広がりつ
つある．

　家計の消費支出をモノ（財）とサービスに分けてとらえると，サービス消費の
割合が上昇する，消費のサービス化が進んでいる（図10.1）．食料費の中では，

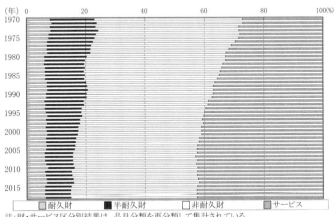

注：財・サービス区分別結果は，品目分類を再分類して集計されている．
　　耐久財：家電製品，家具，自動車・自転車等，半耐久財：布団や服，書籍（教科書，参考書，
　　雑誌・週刊誌は除く）等
　　消費支出には「こづかい」，「贈与金」，「他の交際費」および「仕送り金」は含まれていない．
　　2000年以降は農林漁家世帯含む．
資料：総務省統計局「家計調査」

**図10.1　財・サービス別消費支出割合（世帯人員2人以上の世帯）**

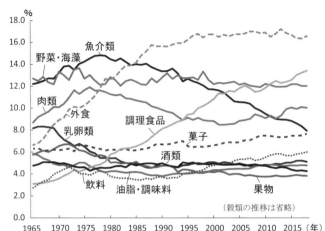

注：世帯人員2人以上の世帯全体の平均，2000年以降は農林漁家世帯を含む値
資料：総務省「家計調査」

**図10.2　食料費の内訳**

中食はモノに分類されるが，調理するというサービスを含んでいる．図10.2に
示すように，食料費支出の中で，外食の割合が増加傾向にあるが，中食（調理食
品）を加えるといっそうサービス化しているととらえることができる．

### 10.1.3　生活に必要なモノ・サービスと費用

　第7章の家計実態で示したように，現代社会では生きていくためにお金が必要
である．「人生に必要なのは勇気，想像力，そして少しのお金」，これは1950年
代に公開された第一次世界大戦のころを描いた映画「ライムライト」の中でチャ
ップリンが演じる道化師の台詞の一節である．21世紀を生きる私たちが生活を
営むためには，少なくともどの程度の金額が必要だろうか．

　最低限の生活を保障する制度に生活保護がある．生活保護は，食料費や被服費
などの日常生活の費用である生活扶助のほか，住宅，教育，医療，介護，出産，
生業，葬祭の7つの扶助で構成されている．現在の生活保護の保護基準は，生活
保護を受給していない世帯の中で所得の低い世帯（所得順に世帯を並べた下位
10%）の消費水準をふまえた水準均衡方式で決められている．社会全体の状況を
ふまえた相対的な水準が設定されているといえる．社会全体の生活水準が上昇す
ると保護の水準も上昇することになるはずであるが，生活保護非受給世帯の平均
的な水準が上昇していても生活保護非受給世帯の中で格差が拡大すると，保護世

帯の水準が低位に押しとどめられることになる．かつては，マーケットバスケット方式と呼ばれる，生活に必要と考えられるもの（含むサービス）をすべて買い物かごに入れたとして，それらの金額を積み上げる方式，その後のエンゲル方式では必要な食料費とエンゲル係数（消費支出に占める食料費の割合）をもとに消費支出全体額を決定する方法をとっていた時期もある．

日本国憲法（第25条）において，「すべて国民は，健康で文化的な最低限度の生活を営む権利を有する．」と，生存権が規定されている．栄養素の必要所要量という身体的な健康確保に関する絶対的な基準を超え，何を「必要」とするかの設定は容易ではない．すべての人に保障される「健康で文化的な最低限度の生活」として，自分ならバスケットに何をどれくらい入れるだろうか．以下では，生活研究の専門家による検討と市民参加による検討の2つの方法を紹介する．

### a. 標準生活費の算定

家庭を中心とした生活を研究対象とする研究者たちにより，「健康で文化的生活」水準を具体的に示すものとして，内容を1つ1つ詳細に検討することから必要額を考える試算が行われている（日本家政学会家庭経営学部会関東地区標準生活費研究会，1981）．生活経営学領域だけでなく，衣食住領域の研究者と一緒に，食料費といった特定領域に限らずに，生活科学研究にもとづきながら「理論的・科学的に積み上げ」，生活全般を対象とした全物量方式により，生活に必要なモノやサービスすべての量と金額を設定し，生活費が算出されている．

何を「標準」とするかについて，夫婦（夫給与所得者，妻無職）と2人の子（公立高校，公立中学）で構成される家族を設定し，労働力再生産費として，労働力の再生産が社会的・文化的にも順当に行われるべき生活費を試算している．この試算では，東京多摩地区で公団分譲住宅の持ち家（3LDK）に居住と設定している[2]．

食料費の算出では，18歳程度の男性1ヶ月分の献立を作成し，必要な食材・量を定め，女子栄養大学による食料の消費単位を用い，世帯全体の必要食材・量を算出し，これに酒類や子どもの菓子などを加味している．被服などの物品については，必要物品を列挙し，物品それぞれにどのようなところで購入するか（デパート，スーパーマーケットなど），価格，耐用年数を調査，検討し，1ヶ月あたりの金額を算出している．

標準生活費の算定後，設定を共働きとした場合の金額について家事労働時間とあわせた検討の必要性，生活の社会化の進展を算定に反映させる必要性などが確

認され，検討が行われている．また，1980年基準への見直し時には，消費支出だけでなく，実支出以外の支出（支払）分として貯蓄や保険として必要な金額が積み上げられており，現在の生活だけでなく，将来の生活を含めた検討が行われている．

### b.　MIS（minimum income standard）[3]

イギリスにおいて最低生活費の検討に際し，研究者などの有識者によるものではなく，一般の人たちが話し合いながら考えるというプロジェクトが実施されている．最低生活をどのようにとらえるか（定義）の検討からはじまり，具体的に何がどのくらい必要か，どこでいくらくらいのモノやサービスを購入するかなど，前項の標準生活費と同様に，それぞれの品目について，購入場所や価格，必要数量，耐用年数の検討を全物量方式で行い，最終的に1ヶ月あたりの必要金額を決定する．賃貸住宅に何もない状況から必要なモノやサービスを積み上げていく．この方法の特徴は，政府や研究者ではなく，普通の市民[4]の合意によりバスケットの内容を決める，というものである．研究者がファシリテーターを担うが，社会での最低限保障されるべき生活の定義，必要な生活内容の1つ1つの検討，確認，各段階においていずれも数人の市民のグループが話し合いにより決めている．

日本でも，イギリスで実施されたMISの手法を用いた生活費の試算が実施されている．最初の定義検討のグループの話し合いをもとに，研究者グループが確定した，誰にでも最低必要な基礎的生活の内容は以下の通りである．「現代の日本における誰にでも最低必要な基礎的生活は，衛生的，健康的であり，安心かつ安定して暮らせる生活を指す．そこには，衣食住のほか，必要な情報，人間関係，娯楽，適切な働き方，教育，将来への見通しなどを手に入れられる環境が整っていることが必要である」．この定義には，単に現在の生活を維持するだけでなく，将来への見通しを加味することも含まれている．

生活内容の検討は，異なるメンバーで構成される3段階のそれぞれ数名のグループによる話し合いが行われている．いずれも少人数ではあるが，異なるメンバーによるグループで話し合い，確認を行うことにより妥当性を高めるよう工夫されている．性別とおおよその年齢層を設定し，その人が生活するために最低必要と考えられる生活内容の費用を算出している（毎月支出があるものだけでなく，数ヶ月，数年に1度しか支出がないものも月額を算出し合計している）．参加者自身が最低限度の生活をしているわけではないが，参加者の生活に対する考え方

表 10.1　稼働年齢層の単身男女の最低生活費（月額（円），2018 年換算値）（重川・山田（2012），p.76；総務省（2019）をもとに作成）

| | 男　性 | 女　性 | 消費者物価指数(2010 年=100) |
|---|---|---|---|
| 消費支出合計 | 201,299 | 190,584 | |
| 　食　料 | 51,170 | 42,248 | 110.7 |
| 　住　居 | 74,765 | 73,079 | 98.7 |
| 　光熱・水道 | 9,784 | 9,899 | 115.1 |
| 　家具・家事用品 | 4,366 | 3,807 | 92.7 |
| 　被服及び履物 | 7,676 | 15,277 | 106.7 |
| 　保健医療 | 493 | 1,245 | 103.2 |
| 　交通・通信 | 6,872 | 12,430 | 103.2 |
| 　教養娯楽 | 22,973 | 13,219 | 101.0 |
| 　その他の消費支出 | 23,199 | 19,380 | |
| 　　諸雑費 | 6,162 | 10,513 | 111.3 |
| 　　交際費 | 17,038 | 8,866 | 106.4 |
| 消費支出 − 住居 | 126,534 | 117,504 | |

2010〜2011 年に実施された MIS による稼働年齢層の生活費試算額を費目別消費者物価指数を用いて 2018 年値に置き換えた金額．交際費には持ち家の帰属家賃を除く総合の物価指数を使用．
その他の消費支出は諸雑費と交際費の合計値．消費支出合計額，「消費支出 − 住居」は，費目別金額の合計値．

　が話し合いに影響し，協議しながら内容を決めていくことになる．食生活の内容・献立も話し合いによるが，最初のグループの結果を専門家が栄養面の確認をした後，以降のグループで再び話し合い確定される．住宅についても，参加者の話し合いにより間取りや駅からの距離などを設定し，それにもとづくいくつかの賃貸物件を提示し，最終決定し家賃を算出している．表 10.1 は，2010〜2011 年の試算結果を消費者物価指数のみを考慮し 2018 年の値に置き換えたものである．調査では就労者と限定していないが，就労している一人暮らしの生活費としてみたとき，表に示す金額はどのように映るだろうか[5]．

## 10.2　所有から利用へ

　先述のように，消費がサービス化してきた．近年，自分でモノを所有せず，利用することで必要を満たすことを促す「所有から利用へ」の新しい動きがみられる．大量生産・大量消費・大量廃棄型のライフスタイルが問題になり，持続可能な社会をめざす観点からも，必要なときだけ利用できるしくみは注目されている．

　a.　サブスクリプション

　モノだけでなくサービスを含め，一定額を支払うことにより一定期間繰り返し利用可能にする方法をサブスクリプションという．自動車のような高額な耐久消費財だけでなく，楽曲鑑賞や雑誌購読，洋服やカバンの利用，飲食店の利用など，さまざまなモノやサービスに広がりつつある．一時的，1 回のみではなく，繰り返しの利用が可能である．モノの場合，管理や更新の手間を含め購入していることになる．利用継続期間の拘束の有無を含め，利用条件を確認することが必要であるが，一定幅の中で多様なものを利用したい場合には，定額で目的を果たすことができ，経済的である．一方，一度契約すると，利用状況にかかわらず契約を続けてしまう現状維持バイアスが生じる可能性もある．自動更新のしくみは便利である反面，更新の必要性を十分に検討する機会を逃しやすい．利用する場合には，しくみの長所と短所の理解が不可欠である．

　b.　シェアリングエコノミー

　経済生活について，所有や利用の共同性について共同・共有か単独・独占か，貨幣を介するかについて貨幣か脱貨幣か，という 2 つの軸で暮らしの様相をとらえると（図 10.3），共同・共有の側で，脱貨幣には「互助」，貨幣を介するものには「共同購入・所有（協同組合など）」が含まれる．単独・独占の側で，脱貨幣には「自給自足的」，貨幣を介するものには「分業」し「稼得・購入」することが含まれる．共同や共有は，距離や親密性が近い比較的身近な関係の中で行われるだけでなく，通信手段を用いることで，遠く離れた知らない相手とも共同・共有することが可能になってきている（図 10.3 の垂直方向の軸）．

　従来から，身近な人や地域の中で，モノやサービスを共同的に利用したり，譲り合うことが行われていたが，近年，とくにインターネットの急速な普及を背景に，ネットを介して共有・共同する経済活動であるシェアリングエコノミーが広がってきている．『シェアリングエコノミー』（2016）を著した A. スンドララジ

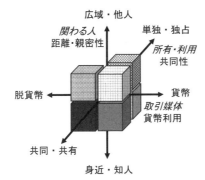

**図 10.3** くらしの中のシェア（重川（2018），p.11 に加筆）

ャンは，シェアリングエコノミーについて「市場経済と贈与経済のあいだに広く
またがって」おり，「統一された定義がない」（pp.51-52）とし，近年クラウド
ベースによるものが注目されていることを指摘しているが，日本国内では「個人
等が保有する活用可能な資産等を，インターネット上のマッチングプラットフォ
ームを介して他の個人等も利用可能とする経済活性化活動」（総務省，2018）な
ど，インターネット上で貨幣を介する経済活動として注目が高まっている．

　仲介事業者などのネット上のプラットフォームを通じ，モノだけでなく，誰か
が保有する空間，スキル，お金，情報，移動について，他の人が利用できる可能
性が広がっている．各個人は，利用者にも提供者にもなることができる．

　家計の支出面の影響について，表 10.2 に示すように，利用の仕方により，増
減両方の可能性が考えられる．収入面について，使用していない物や場所の活用
や，特技や能力を活かした副業機会の広がりなど，収入増加につながる可能性が
ある．副業ではなく，主な仕事として自律的な働き方につながる場合と，安価な
請負的な働き方を余儀なくされる場合も生じている．働き方のあり方や雇用を中
心とした税制や社会保障制度のあり方を検討する必要性も指摘されている．

**表 10.2** シェアリングエコノミー進展による支出変化の可能性（重川，2018）

|  |  | 現　状 | シェアの利用 | 支出変化 |
|---|---|---|---|---|
| モ　ノ |  | 新品購入 | 借りて利用 | 支出減少 |
|  |  |  | 中古品購入 | 支出減少 |
|  |  | 購入意思なし | 借りられるのなら利用 | 支出増加 |
| サービス |  | 利用 | 利用先選択肢多様に | あまり変化しない |
|  |  | 利用していない | 利用 | 支出増加 |

## 10.3　モノ・サービスとの付き合い方を考える

　人は生涯の中で，数多くのモノやサービスを活用しながら生活を営んでいる．購入の場合，欲しいという欲求が，生命，生活を維持するために不可欠で欲しいと思うニーズなのか，そのレベルを超えて欲しいと思うウォンツなのかを考え，優先順位づけを行い，使用できるお金を考慮しながら意思決定することになる．

　イギリスの地方都市で 1 年間お金を使わない生活を実践してみた青年（ボイル，2011）は，自分自身は化石燃料を用いず（生活状況を発信するためのパソコンとインターネット用に人力の発電装置，居住環境として木造の小屋，最低限の洋服などは事前準備），食生活については，野草の活用，近隣の農場で労働力を提供し収穫物をもらい受け，スーパーの期限切れ食料のもらい受けなどで調達している．お金を用いず，自身の時間，体力，知識，能力，ネットワークといったお金以外の生活資源を活用した生活を行った．

　本章の中で新しいサービスが広がりつつあることを取りあげたが，IoT（Internet of Things：モノのインターネット），フィンテック（FinTech），AI（Artificial Intelligence：人工知能）など，新しい技術にもとづくサービスが登場している．家事やそのほかの活動を自分自身の知識や技能などを用いて行う，市場のサービスを購入する，家族や知人など人的ネットワークを活かして行ってもらう，モノを購入する，自作でまかなうなど，どのように調達するか，モノ，サービスをどのように生活の中に取り入れるのか，お金だけでなくさまざまな生活資源を視野に入れて検討してみよう．　　　　　　　　　　　〔重川純子〕

注

1)　東京で 87.7 m$^2$ の 2 階建て住宅に居住．雑誌『婦人の友』の 100 周年企画（2003 年 4 月号）で実際に家中のモノを並べて点数の確認実施（食料品は点数確認の対象に含まれていない）．1936 年の企画は実際に数え上げたものではなく，家族 5 人が 25 坪の家に居住するという設定で標準的な所有物を示している．

2)　1970 年代に実施されたものであり，当時の社会的背景をもとに「標準」の設定が行われている．

3)　MIS の詳細は，以下の論文を参照のこと．

『社会政策』第 4 巻第 1 号（2012）の以下の〈小特集 2〉

　　岩永理恵・岩田正美「イギリスのミニマム・インカム・スタンダード（MIS 法）を用
　　いた最低生活費研究」pp.58-60

　　岩永理恵・岩田正美「ミニマム・インカム・スタンダード（MIS 法）を用いた日本の
　　最低生活費試算：他の手法による試算および生活保護基準との比較」pp.61-70

　　重川純子・山田篤裕（文献欄参照）

　　卯月由佳「ミニマム・インカム・スタンダードの日英比較」pp.85-96

4)　自発的に積極的参加する市民ではなく，日本では調査会社が対象条件にもとづき抽出し参
　　加承諾した人である．定義検討以外のグループの参加者は，設定した性別・年齢幅の中から
　　抽出されている（ただし，子どもの費用については，親世代の人たちによる話し合いであ
　　る）．イギリスではショッピングセンターで声をかけ参加呼びかけを行うなどもしている．
　　日本の実施状況は，2010〜2011 年にかけて東京の武蔵野地区で実施されたものによる．ま
　　た店舗での金額の調査は，研究者が行っている．詳細は注記 3）の文献を参照．

5)　居住地によりライフスタイルが異なることに注意が必要．調査は東京で実施されており，
　　たとえば寒冷地に居住している人には，光熱・水道費が過小であるかもしれない．とくに住
　　居費（家賃）は居住地により大きく異なる．

# 文　　　献

ボイル，M.著，吉田奈緒子訳（2011）『ぼくはお金を使わずに生きることにした』紀伊國屋書
　店［原著 2010］

婦人之友社（2003）『婦人の友』2003 年 4 月号

岩永理恵・卯月由佳・木下武徳（2018）『生活保護と貧困対策』有斐閣

日本家政学会家庭経営学部会関東地区標準生活費研究会（1981）『標準生活費の算定』有斐閣

重川純子（2018）「家庭経済からみるシェアリングエコノミー」『生活経営学研究』No.53，
　11-16

重川純子（2020）『改定新版　生活経済学』放送大学教育振興会

重川純子・山田篤裕（2012）「日本におけるミニマム・インカム・スタンダード（MIS 法）の
　適用とその結果」『社会政策』4（1），71-84

総務省（2018）『情報通信白書　平成 29 年版』

総務省（2019）『平成 30 年　消費者物価指数』

スンドララジャン，A.著，門脇弘典訳（2016）『シェアリングエコノミー』日経 BP 社［原著
　2016］

# 第11章　働くこと・職業をもつこと

## 11.1　職業労働の現状

### 11.1.1　産業構造の変化と働き手の多様化

#### a.　産業構造と働き方の変化

　人々が従事する産業は時代とともに変化する．1920年においては日本の就業者の53.8%が，農業・林業・漁業を中心とした第一次産業に従事していた．しかし戦後から高度経済成長期（1950年代半ば〜1973年ごろ）にかけて，第一次産業に就く人の割合は大きく低下し，その後も減少を続け，2015年にはその割合は3.8%となっている．第二次産業に就く人の割合は，高度経済成長期に増加したがその後低下し，第三次産業に就く人が増え続けた．現在では，第三次産業に就く人の割合は67.2%となり，人々の仕事は自然と直接関わるものから，工場やオフィスでモノやサービスに関わる仕事へと変化した（図11.1）．

　こうした産業構造の変化は，雇われて働く人（雇用者）を増加させた．1950

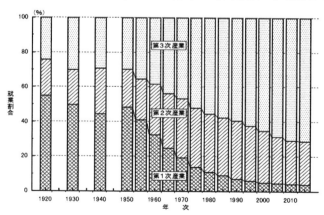

**図11.1**　産業（3部門）別就業割合（1920〜2015年）（国立社会保障・人口問題研究所，2019）

年には，就業者の中で被雇用者は 39.3%，自営業主は 26.2%，家族従業者は 34.4%であったが，2015 年はそれぞれ 84.0%，8.8%，3.3%となり，被雇用者の従業上の地位は大きく変化した（国立社会保障・人口問題研究所，2019）.

### b.　女性の社会参加，少子高齢化，グローバル化による働き手の多様化

産業構造の変化に伴い，日本では女性雇用者の数も増加した．しかし戦後の日本では働く女性の地位は低く，雇用における男女平等に向けた法的整備は重要課題であった．1979 年の国連の「女性差別撤廃条約」採択からの動きの中で，日本は 1985 年にこの条約に批准し，国内では男女雇用機会均等法が制定された（1986 年施行）．この条約の批准の条件として，労働分野の男女平等の国内法整備が求められていたのである.

男女雇用機会均等法は，当初は採用や昇進などに対する差別の是正を努力義務にとどめる問題もみられたが，女性の社会進出を後押しした．女性が結婚や子育てで家庭に入り，子どもが大きくなって再度労働市場に参入するという「M 字型就労」は徐々に変化した（図 11.2）．2018 年現在の女性の労働力人口は約 3, 014 万人，女性の 15〜64 歳の就業率は 69.6%である（総務省，2019）.

働く高齢者も増加した．2018 年の労働力人口は 65〜69 歳で約 450 万人，70 歳以上で 425 万人であり，労働力人口に占める 65 歳以上の割合は 2008 年の 8.5%から 2018 年の 12.8%へと上昇した（内閣府，2019a）．働く障がい者の数も増加したが，法定雇用率（2.2%）を達成した企業の割合は 45.9%にとどまっている．雇用障がい者数（約 53.4 万人）と実雇用率（2.05%）は共に最高値で，と

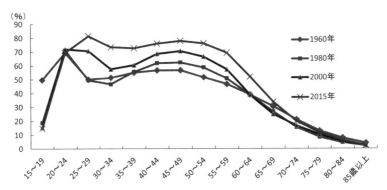

**図 11.2**　女性の年齢別労働力率の推移（1960〜2015 年）（国立社会保障・人口問題研究所（2019）より作成）

総数は 15 歳以上人口に占める割合．1960 年は 1%抽出集計結果

表 11.1　就業および就学の在留資格別在留外国人数（人．国立
社会保障・人口問題研究所（2019），p.150 より作成）

| 年　次 | 総　数 | 就　業 | 留　学 | 就　学 | 研　修 |
|---|---|---|---|---|---|
| 1959 | 8,302 | 7,533 | 769 | … | … |
| 1984 | 50,660 | 28,696 | 14,172 | 3,522 | 4,270 |
| 1990 | 165,542 | 67,983 | 48,715 | 35,595 | 13,249 |
| 1995 | 200,835 | 87,996 | 60,685 | 34,441 | 17,713 |
| 2000 | 305,708 | 154,748 | 76,980 | 37,781 | 36,199 |
| 2005 | 392,327 | 180,505 | 129,568 | 28,147 | 54,107 |
| 2010 | 468,504 | 207,227 | 201,511 | | 59,766 |
| 2015 | 578,127 | 238,042 | 246,679 | | 93,406 |
| 2017 | 743,173 | 306,136 | 311,505 | | 125,532 |

くに前者は前年より 7.9%増加した（厚生労働省，2019a）．

　外国にルーツをもつ就業者も増加している．1959 年では就業の在留資格をも
つ在留外国人は 8,000 人未満であったが，2017 年では 30 万人を超えた（国立社
会保障・人口問題研究所，2019）（表 11.1）．

## 11.1.2　不安定雇用と収入問題

　多様な人材が必要になる中で，日本の企業が増やした働き手は非正規雇用であ
った．非正規雇用の職員・従業員は，1987 年では約 850 万人であったが，2017
年では約 2,133 万人となった．それに伴い非正規雇用の職員・従業員の割合は，
1987 年の 19.7%から，2017 年には 38.2%に上昇した（表 11.2）．とくに女性の
場合，非正規の就業者割合は 1987 年では 37.1%であったが，2017 年では 56.6

表 11.2　雇用形態別 15 歳以上の就業人口と非正規就業者割合（国立
社会保障・人口問題研究所（2019），p.149 より作成）

| | 正規の職員・従業員人口（千人） | | 非正規の職員・従業員人口（千人） | | 非正規の職員・従業員の割合（%） | |
|---|---|---|---|---|---|---|
| | 1987 年 | 2017 年 | 1987 年 | 2017 年 | 1987 年 | 2017 年 |
| 全　体 | 34,565 | 34,514 | 8,498 | 21,326 | 19.7 | 38.2 |
| 男　性 | 24,256 | 23,302 | 2,428 | 6,678 | 9.1 | 22.3 |
| 女　性 | 10,309 | 11,211 | 6,071 | 14,648 | 37.1 | 56.6 |

各年 10 月 1 日時点

％を占めている．女性の非正規の増加は，この30年間で800万人以上であるのに対し，正規のそれは約90万人であり，女性の不安定雇用の広がりが示されている．

改正労働基準法では，パート・アルバイトなどで有期労働契約が繰り返し更新されて通算5年を超えた際，無期労働契約に移ることは可能である．しかし実際は，非正規雇用は企業の経営状況で雇用が左右されやすい．

### 11.1.3 長時間労働問題

「働き方改革関連法」（2019年）で，長時間労働の是正がめざされているが，すでにこれまでも，労働者の健康や生活を守るための最低条件として，労働基準法の中で労働時間は原則1日8時間，1週40時間以内であることが定められていた．しかし実際は，会社は労働者側と取り決めをすれば（三六協定の締結），時間外労働を労働者にさせることも可能であった．

今回の「働き方改革関連法」により，時間外労働の上限は「原則月45時間，年360時間」である．ただしやむをえない事情（臨時的な業務など）があり，かつ，使用者と労働者側が合意した場合は，1ヶ月100時間未満（休日労働を含む），複数月平均80時間以内（休日労働を含む），年720時間以内の時間外労働は認められる（月45時間を超える期間にも制限がある）．しかしこれは，労働者の残業を実質的に認めているという声も多い．今でも日本では，過労で死にいたる事例が後を絶たない．年間就業日数が200日以上で週間就業労働時間が60時間以上の就業者の割合は，男性の正規の職員で14.5％，女性の正規の職員で6.3

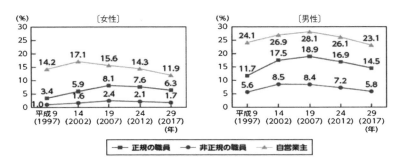

（備考）1. 総務省「就業構造基本調査」より作成．
　　　　2. 割合は，就業時間が不詳の者を除いて算出している．

**図11.3** 年間就業日数200日以上かつ週間就業時間60時間以上の就業者割合の推移（男女別）（内閣府（2019），p.115）

％である（内閣府，2019b）（図11.3）.

## 11.2　働き方を考える

### 11.2.1　日本の働き方の課題

#### a.　正規雇用と非正規雇用の二極化

日本で長時間労働が起こる背景には，高度経済成長期に定着した「日本的雇用慣行」が影響している．この慣行は，いわゆる終身（長期）雇用，年功賃金，企業別労働組合を柱とし，その対象は「家族的責任をもたない男性正社員」（ケアレスマン）となった．その結果，「会社に長く居られること」が日本の働き方の標準になった.

しかし1990年代に入り，不況から「日本的雇用慣行」の維持が困難になった企業は，正規雇用の採用を抑制し，正社員よりも低賃金で，景気によって解雇しやすい非正規雇用を増加させた．ただしその際，非正規雇用は「自由な時間に働ける」「残業しなくてよい」などの理由から，労働条件の十分な議論はなされず，長時間労働ができる正規雇用と非正規雇用の二極化が進んだ.

#### b.　根強い性別役割分業

長時間労働が前提の「日本的雇用慣行」を受け入れた企業は，女性をその対象外とした．そこでは男性には稼得責任（家計を支えること）が，女性には家庭の仕事を担うことが求められた．高度経済成長期は日本の女性が最も「主婦化」（結婚や出産で仕事を辞めて家庭に入る）した時代であり，女性は結婚後，家庭で長時間労働の夫を支えた.

1980年代以降は，男女雇用機会均等法をはじめとして雇用の男女格差の解消が打ち出されてきているとはいえ，「夫は外で働き，妻は家庭を守る」という意識は社会に根強く残り，それは働く女性の差別や経済的貧困にも影響を及ぼしている.

### 11.2.2　労働者の人権を守る国際基準と資源を知る

#### a.　ディーセント・ワーク

このような働き方の問題に対して，まずわれわれに必要なことは，働き手の人権を守る国際基準と権利を守る資源を知ることだろう.

ILO（国際労働機関）はディーセント・ワーク（decent work，働きがいのあ

る人間らしい仕事）を提唱し，働きがいのある仕事とは「権利，社会保障，社会対話が確保されていて，自由と平等が保障され，働く人々の生活が安定する，すなわち，人間としての尊厳を保てる生産的な仕事」としている．

ディーセント・ワークの実現に向けた戦略目標は，①仕事の創出（必要な技能を身につけ，働いて生計が立てられるように，国や企業が仕事を作り出すことを支援），②社会的保護の拡充（安全で健康的に働ける職場を確保し，生産性も向上するような環境の整備，社会保障の充実），③社会対話の推進（職場での問題や紛争を平和的に解決できるように，政・労・使の話し合いの促進），④仕事における権利の保障（不利な立場に置かれて働く人々をなくすため，労働者の権利の保障，尊重）である（ILO 駐日事務所 Web サイト）．

これらの目標に関する労働者を守る資源の例としては，教育訓練給付制度（能力開発・キャリア形成支援等を目的とした給付），失業保険（失業時の経済支援），育児・介護休業制度（育児や介護を理由に休業できる制度），団体交渉権（労働者団体（労働組合等）と使用者（団体）が交渉する権利）などがある．また ILO は，労働者の適切な労働時間を守るために「ディーセントワーキングタイム」も提唱している（牛久保・村上，2014）．

### b.　ディーセント・ワークと SDGs

ディーセント・ワークの実現は，2015 年に国連総会で採択された「持続可能な開発のための 2030 アジェンダ」で，17 の持続可能な開発目標（SDGs）における「開発目標 8」（包摂的かつ持続可能な経済成長及び生産的な完全雇用とディーセント・ワークをすべての人に推進する）に位置づけられる．またこの開発目標の中の「ターゲット 8.5」では，2030 年までに，若者や障がい者を含む全ての男性及び女性の，完全かつ生産的な雇用及び働きがいのある人間らしい仕事，並びに同一労働同一賃金を達成することが掲げられ，「ターゲット 8.6」では，2020 年までに，就労，就学及び職業訓練のいずれも行っていない若者の割合を大幅に減らすことが掲げられている．

## 11.2.3　生活の視点から働き方をつくりかえる

経済学者の暉峻淑子は，もともと経済活動は，人間を飢えや病苦や長時間労働から解放するものであり，経済が発展すればするほどゆとりある福祉社会が実現するはずだったという．しかし効率を競う社会の制度は，個人の行動と連鎖し合い，結果として生活も教育も福祉も，経済価値を求める効率社会の歯車に巻き込

まれる，と当時の日本社会のあり方を批判した（暉峻，1989）．しかし 30 年前の暉峻の指摘は現在，改善されるどころかますますその傾向を強めている．

　すべての働き手が安心して働ける社会をつくるには，経済的価値以外の視点から，働くことの目的や価値を考え直す必要があるだろう．そのためにはまずわれわれが，生活を営む視点から，働き方の問題を解き直すことから始めたい．たとえば食事や睡眠時間を削ってサービス残業することは，職業人として「当たり前」なのか．育児や介護のためにパートを選択すると，正社員よりも大きく時間あたりの収入が減るのは「仕方がないこと」か．このような思考の積み重ねなしには，誰もが人間らしく働ける社会は画餅に過ぎない．

　男女共同参画社会，ワーク・ライフ・バランス，さらにディーセント・ワークなど，めざすべき働き方の社会的な価値は形成されつつあるが，それらは待つだけでは実現しない（コラム参照）．職場，家庭，地域で価値の実現のための具体的な方策を実行していくことが求められる．

---

**▶コラム　仕事も子育ても大切にできる社会をつくる実践**

・病後児保育室「バンビ」：　東京都世田谷区のナオミ保育園の父母たちは，「働く親たちが一番涙を流すとき：子どもが病気のとき」を何とかしようと，園や嘱託医と協力して 1966 年に病後児保育を実現させた．日本での病児・病後児保育の始まりとされている．全世帯が父母の会会員として加入する「共済制度」を運営の柱として発足した（久保，2010）．現在は，区の委託事業として運営されている．病児・病後児保育の拡充は子育て政策の重要な柱の 1 つである．

・厚生労働省（2019b）「イクメンの星」の父親（抜粋）：　育休を長く取った理由の 1 つに妻の就業サポートがあります．妻は一人目妊娠中に泣く泣く仕事を辞めました．社会復帰しようにも，乳幼児がいては就職活動すら出来ません．しかし，私が育休を取ることで就職活動が出来ます．面接でも「旦那が育休取得中のため，急に休むことはありません」と言えるため，無事就職出来ました．「専業主婦だから育休はいらない」ではなく，育休取得で私だけでなく妻の育児と仕事の両立もサポートできます．（以下略）

〔森田美佐〕

---

## 11.3　多様な働き方（オルタナティブな働き方）と就業環境

### 11.3.1　雇用関係によらない多様な働き方の拡大

　パートタイム労働，アルバイト，派遣労働，有期雇用，期限つきの契約社員，嘱託，臨時雇・日雇労働などの多様な非正規雇用が増大し，いわゆる「ブラック

企業」問題，過労死をもたらす長時間労働やハラスメントなど，働き方や就業環境・就業条件に関する問題が拡大している．

　2016年11月，経済産業省は「雇用関係によらない働き方」に関する研究会を設置し，2017年3月に最終報告をまとめた．その中には，ライフステージに応じて，あるときは企業に雇用され，あるときは雇用関係によらず働くというような，柔軟な働き方を広げることが「人生100年時代」の社会で重要となることが示されている．また，終身雇用や年功序列を前提とした「日本型雇用システム」を見直す契機として，「雇用関係によらない働き方」をはじめとした柔軟な働き方が推進されている（経済産業省，2017）．雇用関係によらない（雇われない）働き方とは，会社経営者，自営業者，個人事業主，フリーランス，クラウドワーカーなどの独立自営業者をさし，企業と業務請負契約を結び仕事をする個人業務請負，独立契約者，非営利組織（NPO）での就業なども関連する．そういった働き方は，兼業・副業を可能にし，自営型テレワーク（在宅就労），リモートワーク，企業が不特定多数の人に向けて業務委託先を募集する「クラウドソーシング」といわれる就労形態の活用の機会を増やすことにつながる．これはまた，請負を中心とし，企業の指揮命令を受けず，雇用契約によらないかたちで，時間・場所・組織にとらわれない，柔軟な働き方としてとらえられている．

　自営業の中でも農業従事者に着目する．日本で農業の多くを占めている家族農業経営では，家族間における労働条件，役割分担，所得配分，資産形成，再生産労働の分かち合いなどのルールを取り決め可視化する「家族経営協定」締結の取組みが1995年以降推進されている．また，農業や中小自営業者の家族従業者の働き分による対価を必要経費と認めない所得税法第56条の廃止が検討されている（粕谷，2016）．これらも雇用関係によらない働き方における課題解決の取組みに位置づけられる．

　経済産業省が2016年に実施した約4,000人を対象（士業・自営業のみの就業者は除く）とした「雇用関係によらない働き方」に関するWebアンケート調査をみると，雇用関係にない働き方をしている層全体では，24.0%が年収「100万円未満」を占め，そのうち，主たる生計者のみでは年収「300〜399万円」が18.6%と最も多い．週当たりの平均労働時間は32.4時間（労働力調査にもとづく雇用者全体平均38.9時間）であった．約半数（47.7%）が現在の働き方を満足と回答した．一方，不満を感じているのは2割程度で，そのうち9割は「収入面（昇給なし，不安定等）」を，3割が「スキルアップや成長ができない，将来

に展望がもてないため」を理由としてあげている（経済産業省，2017）．

　上述の近年みられる「雇用関係によらない働き方」の新動向においては，雇用労働に類似した働き方についての問題点として次のことが生じている．つまり，雇用関係を結ばないため労働者ではないということから，労働者を保護する労働法の対象から外れ，労働時間規制，時間外労働による残業代支払い，最低賃金の保障，労働災害時などの社会保険の適用などの保護がなく，自己責任での対処を余儀なくされるといった問題に直面している．これらの就業形態がもっている「新しい働き方」というプラスの側面のみが過大に強調され過ぎることなく，不安定就業・不安定雇用といったマイナスの側面を孕んでいることにも着目しなければならない．

### 11.3.2　「プラットフォームビジネス」の広がりと弊害

　「雇用関係によらない働き方」の新動向として「プラットフォームビジネス」の広がりがみられる．従来「プラットフォーム」という言葉は，「土台」や「基盤」「場」を意味する言葉である．これに「ビジネス」という言葉を加えると，「“場”を提供・運営するビジネス」という意味になる．「プラットフォームビジネス」は広い概念で，たとえば車両輸送サービスの「ウーバー（Uber）」や民泊サービスの「エアビーアンドビー（Airbnb）」などのシェアリングエコノミーにおける「デジタルマッチングビジネス」をさすこともある一方で，GAFA（Google・Apple・Facebook・Amazon の各企業の頭文字をまとめた造語）を筆頭に，検索エンジンや SNS ネットワーク，物の売買などの多種多様なサービスをプラットフォームで提供しているグローバル企業のデジタルビジネスをさす場合もある（労働政策研究・研修機構，2019）．

　しかし，このプラットフォームビジネスによる労働は，消費者の需要があるときにだけ行われており，上述の「雇用によらない働き方」の問題として，低賃金，長時間労働，労働災害が補償されないなど劣悪な労働環境が問題となっている．こうした問題に対し，アメリカ合衆国の配車サービス企業ウーバー・テクノロジーズが運営する，オンラインフードデリバリーの Uber Eats では，2019 年に配達員が事故にあった場合に見舞金を支払う「傷害補償制度」が日本国内で導入されたり，配達員が労働条件改善を求め労働組合を結成するなど，改善に向けた取組みが出てきている．

### 11.3.3　共生の場の再構築と就労支援

　地域社会が持続困難になる中で，2016 年に閣議決定した「ニッポン一億総活躍プラン」では「地域共生社会」として「支え手側と受け手側に分かれるのではなく，地域のあらゆる住民が役割をもち，支え合いながら，自分らしく活躍できる地域コミュニティ」の実現が掲げられた．それを牽引する既存・主流のものに代わるオルタナティブな労働として，ワーカーズ・コープ，ワーカーズ・コレクティブ，NPO 法人，ボランティア，プロボノワークなどが再び注目されている．一例をあげると，日本労働者協同組合（ワーカーズコープ）連合会センター事業団東京中央事業本部は，本部内に「よいしごとステーション」運営事務局を置き，持続可能な生活，地域，社会づくりを実践している．若年就労支援を行っており，生きづらさを抱える若者の個別相談に応じ，清掃，農業などの仕事体験をはじめ，さまざまな就労の場を提供し，「働くこと」を通じて人と人とのつながりを取り戻し，コミュニティにおける協同の再生をめざしている（篠原，2019）．

　宮本（2017）は，地域で人々が支え合うことを困難にしている状態を打開するために，「支える」「支えられる」という二分法から脱却し，家族やコミュニティを支え直し，共生を可能にする制度保障の設計構想として「共生保障」を提案している．共生保障は，働き方の間口を広げるユニバーサル就労，労働統合型社会的企業，共生型ケア，地域に開かれた地域型居住といったかたちで，「交差点型社会」をめざし，共生の場の再構築を目標とする．そのためには，本節で取りあげた「雇用関係によらない働き方」をしている人も含め，すべての人々に関わる社会保障・福祉や雇用の施策によって支え合いを支え，自助・互助・共助・公助が相互に連携するものとして考えられる．さらに，一般の市場とは異なるが，多様な供給主体から利用者がサービスを選択できる準市場[1]を導入し，そのしくみを担う主体の育成が求められている．　　　　　　　　　　　　〔粕谷美砂子〕

## 注

1）　準市場とは，1990 年代初頭にイギリスの経済学者ルグラン（le Gramd, J.）らが体系化した公共サービス（医療，福祉，教育，住宅）供給体制再編の手法である．その特徴は，第一に利用者の選択権を認め，サービス供給者間に競争という市場機構を部分的に導入した点，第二に公共部門は規制を通じ市場に関与し，購入主体として機能する点である．上述の領域は，健康・医療が保障される権利や教育を受ける権利，人間らしい生存が保障される権利と

いった基本的人権に属し，その確保は第 1 義的に公的責任によって果たされるべきものである．市場に存在する個人の選択権の付与と同時にセーフネットの強化・充実が望まれる．そして供給主体間でも「競争」は原価削減競争ではなく，一定以上のサービスの質を担保したうえで行われる必要がある（佐橋，2014，pp.148-149）．

# 文　　献

ILO 駐日事務所 web サイト．https://www.ilo.org/tokyo/about-ilo/decent-work/lang--ja/index.htm（2020 年 6 月 17 日閲覧）

粕谷美砂子（2016）「自営業・農業における女性労働への視座（特集 女性の自営的働き方のいま）」『女性労働研究』No.60，86-107

経済産業省（2017）「『雇用関係によらない働き方』に関する研究会報告書」

国立社会保障・人口問題研究所（2019）『2019　人口の動向 日本と世界—人口統計資料集』厚生労働統計協会

厚生労働省（2019a）「平成 30 年障害者雇用状況の集計結果」https://www.mhlw.go.jp/content/11704000/000533049.pdf（2020 年 6 月 17 日閲覧）

厚生労働省（2019b）「育児休業を取るイクメンの星　ご紹介（第 20 回イクメンの星）」https://ikumen-project.mhlw.go.jp/employee/star/list/detail/#star20（2020 年 6 月 17 日閲覧）

久保桂子（2010）「病児・病後児保育の社会化の進展と生活資源の開発」（社）日本家政学会生活経営学部会『暮らしをつくりかえる生活経営力』pp.75-83，朝倉書店

宮本太郎（2017）『共生保障〈支え合い〉の戦略』岩波書店

内閣府（2019a）「令和元年版高齢社会白書」https://www8.cao.go.jp/kourei/whitepaper/w-2019/gaiyou/01pdf_index.html（2020 年 6 月 17 日閲覧）

内閣府（2019b）『男女共同参画白書 令和元年版』http://www.gender.go.jp/about_danjo/whitepaper/r01/zentai/index.html（2020 年 6 月 17 日閲覧）

労働政策研究・研修機構（2019）「海外労働情報 19-07 諸外国のプラットフォームビジネス調査—アメリカ，イギリス，ドイツ，フランス—」https://www.jil.go.jp/foreign/report/2019/pdf/19-07.pdf（2019 年 11 月 1 日閲覧）

佐橋克彦（2014）「準市場」日本社会福祉学会事典編集委員会編『社会福祉学事典』pp.148-149，丸善出版

篠原健太郎（2019）「持続可能な生活，地域，社会づくりに向けて—ワーカーズコープの実践から—」（一社）日本家政学会生活経営学部会関東地区会報告

総務省（2019）「平成 30 年労働力調査年報」http://www.stat.go.jp/data/roudou/report/2018/index.html（2020 年 6 月 17 日閲覧）

暉峻淑子（1989）『豊かさとは何か』岩波書店

牛久保秀樹・村上剛志（2014）『日本の労働を世界に問う—ILO 条約を活かす道—』岩波書店

# 第12章 生活の社会化と家事労働

## 12.1 生活の社会化と家事労働の変容

### 12.1.1 生活の社会化とは何か

「生活の社会化」とは、「私的・個別的に行われている家庭生活の機能が社会的な機能に代替されること」を意味する．「生活の社会化」は、人間活動力を再生産するために必要なモノやサービスを、家庭外から供給されるモノやサービスに依存する「家事労働の社会化」の形態をとる．また、後述するように家計の収入と支出それぞれにかかわる「家計の社会化」という形態もある．

本章では「家事労働の社会化」について詳しく扱うので、この項では「家計の社会化」について簡単に説明しておく．第7章で学んだように家計の構造は収入と支出とに大きく分かれている．「家計の社会化」も収入・支出の両面からとらえることができる．収入の面では、生活保護や児童手当、医療費の公的負担分（自己負担が3割の場合、残りの7割の部分）、年金などの各種社会保障給付、さらに公共交通、公共施設などの公共サービスの無料もしくは安価での利用などである．支出の面では、所得税、住民税、さらに社会保障関連の保険料の支出などや、電気・ガス・水道などの公共料金の支払いなどである．公共料金などは、社会的共同消費・社会資本の整備を社会全体で支えるものである．「家計の社会化」により、納税者である生活者の意思表示の責任も増大する．

### 12.1.2 家事労働の社会化

産業革命を契機に社会的生産が家庭から企業へと分離され、家庭には私的消費過程における労働が家事労働として残されてきた．しかし、工業化社会の進行で家事省力化の耐久消費財の普及、工業化された商品の購入など、社会的生産過程で家事労働を軽減したり代替したりする「家事労働の社会化」が進行した．具体

例として，1.2 節で確認したとおり，高度経済成長期以降，一般に洗濯機，掃除機，電気冷蔵庫，食器洗い機，電子レンジなど，家事を省力化する工業製品が普及している．

表 12.1 は，伊藤（1990, pp.270-271）による「家事労働の私企業労働（産業労働），互助的労働ならびに公務労働による代替」の表をもとに，社会化の提供主体別に家事労働の社会化の例を示したものである．表中に示すように「家事労働の社会化」の提供主体には，大別して「民間営利部門（企業）＝産業労働による代替」，「非営利部門（NPO，ボランティア，近隣住民など）＝互助的労働による代替」，「公的部門（国・地方公共団体）＝公務労働による代替」の 3 つがある．

表中，A の家事労働は，衣食住に関するものを中心に民間営利部門（産業労働）により商品やサービスとして提供されている（次項参照）．

**表 12.1**　提供主体別にみた家事労働の社会化の例

| | 民間営利部門（私企業労働）による代替 | 民間非営利部門（互助的労働等）による代替 | 公的部門（公務労働）による代替 |
|---|---|---|---|
| A　家事労働<br>（衣食住に関する労働） | 買い物代行サービス，通信販売<br>レストラン，コンビニやスーパーの総菜，調理済食品，既製服，仕立て屋・リフォーム業，クリーニング，靴・カバンの修理業，家事代行業など | 生協などの共同購入，災害時のボランティアによる炊き出し，子ども食堂，住民団体や NPO による衣服の交換会，住宅改修，団地や地域の互助会による草刈り，清掃，ホームヘルプサービスなど | 自治体の産地直売システム，国立・公立学校・保育所の給食（自校・自園式），災害時の飲食物や衣類・毛布などの支給，家屋の修繕，ゴミの収集，廃棄物や汚物の処理，害虫駆除など |
| B　対人サービス<br>（育児，教育，世話，介護，看護） | ベビーシッター，企業が運営する託児所，育児用品や介護用品のレンタル・販売，塾，習い事，市販の学習教材・テキスト，離乳食・介護食など | 共同保育所，共同学童保育，社会福祉協議会による子育てサロンやふれあいデイサービス，ファミリーサポート，NPO やボランティアによる補習塾，学校サポーターなど | 公立の保育所，国立・公立の病院，福祉施設・機関，教育機関によって提供される各種サービス，育児や介護などの電話相談，助産師などによる家庭訪問など |
| C　家政管理<br>（計画，記録，情報収集，学習など） | 食材宅配業者や食品メーカーなどによる献立・レシピの紹介，家計簿ソフト，企業のコンサルタントやファイナンシャルプランナーによる相談・家計診断サービスなど | 生協や農協，ボランティア団体などの試食会や料理教室などにおける献立・レシピ紹介，社会福祉協議会や社会福祉法人によるワークショップ，セミナーなど | 保健センターにおける対象別の献立・レシピ紹介，消費生活センターでの相談・助言，公的機関が主催する相談会，セミナーなど |

出典：伊藤（1990），pp.270-271 をもとに作成

　Bの対人サービス的家事労働のうち，社会福祉的なもの（育児・介護・世話）は1970年代までは公的部門（公務労働）による代替が中心であったが，1980年代の「福祉見直し」，1990年代の「社会福祉基礎構造改革」を経てその主たる担い手を民間営利部門，非営利部門とする代替が行われるようになった．

　Cの家政管理的労働の社会化については12.2節で詳しく扱うが，その内容は情報化・テクノロジーの進展により量質ともに拡大し，複雑化・高度化している．

### 12.1.3　家事労働の変容と生活の持続可能性

　私たちの生活は，家事労働の社会化の進展によってもたらされた家事労働の省力化により快適さ，便利さを増している．単身世帯の増加や高齢化を背景として「中食」（調理食品）へのニーズが高まり，素材から調理する必要のある「内食」の購入金額は減少傾向にある（図12.1）．これ以外にも，家事労働の省力化にも有用な工業製品（電気洗濯機，掃除機，レトルトパウチ食品，冷凍食品）の開発・普及が産業労働による家事労働の社会化の一環として大規模に進められてきた．これらは，われわれの生活を便利で快適なものにする一方で，それを活用するための電気などのエネルギー資源を大量に消費させ，産業廃棄物やプラスチッ

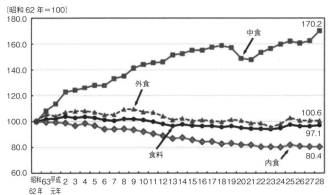

注1）昭和62年を100とした指数．食料の購入金額を1世帯あたりの人員で除して，CPI で実質化したもの．
注2）中食は「調理食品」をさす．
注3）内食は「穀類」，「魚介類」，「肉類」，「乳卵類」，「野菜・海藻」，「果物」及び「油脂・調味料」の合計をさす．
注4）「食料」には「菓子類」，「飲料」および「酒類」も含まれる．
注5）平成12年より，「弁当」，「すし（弁当）」および「おにぎり・その他」に分割．
注6）平成17年より，「調理食品の缶詰」を「他の調理食品のその他」に統合．

**図12.1**　1人あたりの食料の実質金額指数の推移（総務省統計局，2018）

クごみなど大量に生み，生活の持続可能性を危うくする側面ももつ.

　持続可能な社会と家事の省力化の進行が対立する動きにならないための技術と知識，さらに意識が必要である.

## 12.2　家事労働の社会化の進行と持続可能性のある生活

### 12.2.1　家事労働の社会化の進行に伴う新たな労働

　これまでみてきたように，生活の社会化，とくに家事労働の社会化は情報技術の進展とともにわれわれの生活経営のあり方に変化をもたらしている. 一般に，生活の社会化が進展すると，世帯・家族が生活を営む場である家庭の内側と，その外側を取りまく生活手段を提供するさまざまな組織・機関の双方を視野に入れた生活経営，とくに，世帯・家族と生活関連の諸機関との間（インターフェイス）での両者をつなぐ仕事が重要となる. 12.1 節で述べた家政管理労働である学習や情報収集，さらに家庭外の機関との調整はこれからますます重要となる.

　たとえば，介護という対人サービス的な家事労働について考えてみよう. 家族が在宅で高齢者などの介護を担っている場合，家族介護者の肉体的・精神的疲労は相当なものである. この介護の負担を軽減するために社会化したいと考えたとき，被介護者本人や家族介護者が介護保険制度のしくみや社会的に提供される介護サービスの種類，介護度によって異なる利用可能なサービス，その利用方法と費用負担の発生などについて十分理解するための学習が必要となる. さらに，介護事業者との契約・交渉や手配など，介護を社会化するうえで必要な諸々の仕事を行うことになる.

　このように家事労働を社会化したことによって，新たに発生する家事もある. そうして発生した家事を，「新家事労働（new housework）」と名づける試みもあり（ティーレ＝ヴィッテヒ，1995），生活を社会化することは，家事労働の質的な変化をもたらす.

### 12.2.2　家政管理労働の社会化の進行

　家政管理労働は，生活時間統計などのデータには表れにくいものである. 情報収集のための「新聞雑誌を読む」などの行為は，家事労働時間ではなく余暇時間における活動としてカウントされているかもしれない. しかし，私たちは少なからぬ時間と労力をこれらの家政管理労働にあてている（表12.2）.

**表12.2**　家政管理労働の社会化の進行で新たに発生する家事

| 家政管理労働の種類 | 新たに発生する家事 |
| --- | --- |
| 計　画<br>　　献立作成<br>　　予　算<br>　　生活設計 | 専門家から提示される「計画」は，生活者側の予算規模や健康状態に適したものであるかどうか，別の手立てはないかを調べ，必要があれば専門家に別の計画の提示を求めたり，自ら提案する． |
| 記　録<br>　　家　計<br>　　健　康<br>　　育児・介護 | 専門家との間で記録の必要性や内容・方法についての意思疎通を行い，必要であれば記録の内容・方法，記録にもとづく専門家との情報共有について生活者自ら提案を行ったり，改善を求めたりする．<br>心身の不調や判断能力の低下などにより，記録自体が困難な場合は，他者に記録を依頼したり，補助的な機器などの導入を図る． |
| 学習・情報収集 | 生活者のニーズを充たし，あるいは生活課題を解決するために必要な情報を効率的に収集・活用するためのツールや社会資源（専門家を含む）を調べる．<br>情報の良否の判断とそれにもとづく意思決定を自らも行えるように学習する．<br>必要があれば，情報提供元に赴きニーズを直接伝える． |
| 調整・交渉 | 専門家が提案・作成するサービスや書類の内容の吟味，良否の判断，改善の要求を行う．専門家任せにせず，自らも他者や複数の機関との調整や交渉を行う． |

　家政管理労働の負担を軽減したいという生活者の多様なニーズは社会化されたモノやサービスを生み，さらにそれぞれのニーズに対応する新しい技術や専門家を生み出す．家政管理労働の社会化はモノやサービスの形態をとる．モノとして提供される場合は，AIなど最先端の情報技術が取り入れられ，人間に代わって高度で複雑な作業をこなすこともある．また，社会化された労働の担い手，言い換えれば社会化の提供主体は，12.1節で確認した通り，民間営利部門，非営利部門，公的部門に大別される．提供主体の種類にかかわらず，これらのサービスを担うさまざまな専門家が養成されている．

　家計の管理を例にとれば，家計に関する悩みや課題が生じた場合，民間営利部門によるサービスを活用するならば，ファイナンシャルプランナーのような専門家に相談をもちかけるかもしれない．相談にあたっては無料のケースもあるが，1時間あたりの相談料が1〜2万円という場合もある．提案書の作成には別途料金が発生する（日本FP協会）．家計が苦しく債務があったり定期的な収入を得ることが難しかったりする場合には，民間営利部門による社会化されたサービスを利用（購入）することは困難である．その場合には公的部門や非営利部門による無料の相談や家計診断を利用することが考えられる．

　生活困窮者の場合には，「生活困窮者自立支援法」にもとづく家計改善支援な

どを受けることもできる．このとき，生活者は，自分の生活状況・条件に適した
サービスの種類，利用可能なサービスへのアクセス方法などを調べるという生活
経営のプロセスを経て，自分がいま受けるサービスが自分の生活経営の目標や課
題にとって最善のものであるという判断を行うことになる．

　このような生活経営の意思決定の場面で重要なことは，受動的に専門家の助言
を聞き入れ実行するのではなく，自分が問題解決の主体となり自分にとって必要
な知識や情報を得ることである．しかし，生活を取りまく情報から自分に必要な
知識か否かを判別するのは容易ではない．自分の生活の価値や生活様式を確立
し，自立した生活者としての力量を高めることが求められる．さらに，心身の不
調や判断能力の低下などで対処が難しい生活者には，生活者の権利擁護と尊厳の
保持を旨とした良質なサービスが受けられるよう，生活の外部的条件の整備が必
要である．

### 12.2.3　家事労働の社会化の進行と持続可能な生活

　12.1 節でみたように調理済み食品などの商品の購入は増加しており，今後も
惣菜など調理済み食品や，さらに家事関連の工業製品など，家庭外から商品とし
て提供されるモノやサービスの購入は進行すると考えられる．しかし，生活の社
会化は社会環境・自然環境双方にとって持続可能なものでなければならない．一
人ひとりがエコバッグを持ち歩きレジ袋の削減に努めても，エコバッグの中がプ
ラスチック容器に入った洗剤や発泡スチロールトレイに入った食品で溢れていて
は，ごみの削減や容器などのリユースにはつながらない．環境への配慮が生産や
流通の現場を変えるという意識をもち，量り売りやリユースのしくみが整ってい
る店から購入するといった生活者側の具体的な行動が求められる．

　また，先に述べた冷凍の調理済み食品を冷凍庫で保管し，電子レンジで温める
ことにより，多くの電力を消費している．2009 年度の家庭部門機器別電気使用
量の内訳をみると（図 12.2），家事関連の冷蔵庫，食器洗い乾燥機，電気ポッ
ト，炊飯器，洗濯機・洗濯乾燥機で家庭の電気使用の 25.5％を占めている．エ
ネルギー利用を抑制する家事労働の工夫が求められる．SDGs の 12 番目の目標
「持続可能な生産消費形態を確保する」は，持続可能な開発および自然と調和し
たライフスタイルに関する意識をもつことや，廃棄物の発生の削減などをターゲ
ットにしている．今後は，ICT（情報通信技術）の進展により，個人の所有物や
技術・知識などの情報を不特定多数の個人の間で共有することや，大量の情報の

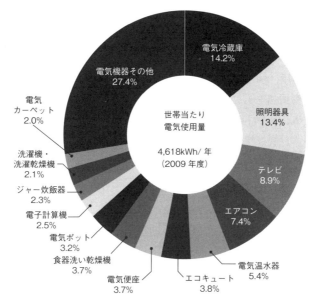

電気冷蔵庫
14.2%

電気機器その他
27.4%

照明器具
13.4%

世帯当たり
電気使用量

4,618kWh/ 年
（2009 年度）

テレビ
8.9%

電気
カーペット
2.0%

洗濯機・
洗濯乾燥機
2.1%

ジャー炊飯器
2.3%

電子計算機
2.5%

電気ポット
3.2%

食器洗い乾燥機
3.7%

電気便座
3.7%

エアコン
7.4%

電気温水器
5.4%

エコキュート
3.8%

総合資源エネルギー調査会省エネルギー基準部会（第 17 回）
資料「参考資料 1 トップランナー基準の現状等について」より作成

**図 12.2**　家庭部門機器別電気使用量の内訳（経済産業省資源エネルギー庁，2014）

解析を瞬時に行うことも可能となっている（12.3 節参照）．過剰消費と使い捨て
文化に代わる新しい生活経営の展開が期待される．　　　　　　　〔伊藤　純〕

## 12.3　情報化・テクノロジーと家事労働

### 12.3.1　AI 家電や IoT による家事労働の変容

　生活の社会化により家事労働は大きく変化した．情報化の波とテクノロジーの
加速度的な進展が，その潮流に拍車をかけ日常生活そのものを変えつつある．と
りわけ AI 家電や IoT の登場は，家事労働のあり方にも影響を与えている．AI
（artificial intelligence）とは人工知能のことであり，AI 家電とは，人工知能を搭
載した家電のことである．また，IoT（internet of things）とは，情報・通信機
器以外のさまざまなモノがインターネットに接続することをいう．AI 家電と
IoT により，どのような家事労働が展開されるのか．たとえば，AI を搭載した
製品の冷蔵庫の場合，ユーザー好みのメニューを教える，食材の保存方法を教え
る，常備食材の買い時を知らせる，さらにスマートフォンと連携して，外出先で

メニューや材料リストを確認できる，離れて暮らす家族の安否を確認できるなど
の機能を備えている（シャープ株式会社 Web サイト）．新たな家事労働のスタ
イルをもたらし，買いすぎや廃棄物の削減などにつながる技術とされている．

　さらに，近年は，図 12.3 のように，家電製品や給湯機器をネットワーク化し，
表示機能と制御機能をもつ HEMS（home energy management system，ホーム
エネルギーマネジメントシステム）が，家庭の省エネを促進するシステムとして
期待されている．制御機能には，遠隔地からの機器のオンオフ制御や，温度や時
間などによる自動制御がある．外出先から，自宅の家電を遠隔操作することも可
能となった．スマホ（スマートフォン）で，帰宅前にエアコンをつけておく，円
盤型の掃除機を作動させ床をきれいにしておくというようなことが実現化しつつ
ある．

　しかし，ICT の利用の拡大に伴い，サイバー攻撃の脅威も拡大しており，IoT
機器が乗っ取られる，個人情報が漏洩・拡散するなどの危険性が高まっている．
ICT の利用に際しては，常にそうした脅威にさらされているということ，また，
災害などによる電波の不通や停電などによって機能が停止する可能性もあること
も十分理解し，どの程度の依存度で利用するかを検討することが必要である．

　一方，工業化以前の家事労働と現在の家事労働では質が異なるので，家事テク
ノロジーがすべての家事労働を軽減したと一概にはいえないというとらえ方もあ
る．科学技術の社会史を研究する R. コーワン（2010）は，家事テクノロジーの
変遷を分析した．その結果，工業化以前の家事労働は主婦以外の家族のメンバー

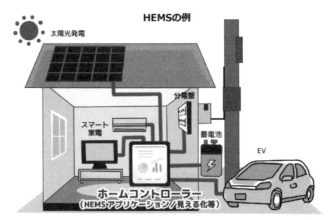

**図 12.3**　ホームエネルギーマネジメントシステムの例（経済産業省資源エネルギー庁，2014）

も分担していたが，工業化以降導入された家事テクノロジーはおもに主婦以外の
メンバーの担当していた家事労働を代替するようになったとしている．コーワン
は「家事についてのテクノロジーおよび社会のシステムは，これを行う人がフル
タイムの主婦であるとして組み立てられている」と述べ，家事労働が社会化して
ゆく過程は，家事労働が主婦一人の手に委ねられるようになってゆく過程でもあ
ることを示した．もちろん，テクノロジーが工業化以降の主婦の生活を大きく変
えていったことは事実である．

### 12.3.2 対人サービス的家事労働の社会化できない部分

家事労働は，労働力を再生産するための労働という意味で「再生産労働」とも
いわれる．家族の成員が，一日の疲れをとり，次の日の労働力を生み出すための
労働である．また「再生産」を狭義にとらえれば「生殖」となり，子どもを産み
育てることがこれに相当する．人間の生活に不可欠な労働であるにもかかわら
ず，貨幣や市場を介する有償労働（ペイドワーク）に対して，家事労働は，自家
生産，地域活動，ボランティア活動とともに，市場を介さないために無償労働
（アンペイドワーク）である．そのことが家事労働の内実を見えにくくしている．

育児・教育・介護などのケア役割を担う家事労働は，対人サービス的家事労働
として位置づけられる．これらの対人サービス的家事労働は，家電などのテクノ
ロジーでは代替しにくいが，介護の分野においては介護ロボットの実用化なども
あり，介護施設だけでなく家庭においても，情報化やテクノロジーのさらなる進
展に期待が寄せられている．

対人サービス的家事労働の社会化により，すべてが社会化されるわけではな
い．対人サービス的家事労働を，どのように支えていけばよいのか．1つの可能
性は，社会のシステム（制度・政策など）への働きかけを通して，女性にかたよ
りがちである担い手を男性やあらゆる年齢層へと広げることである．少しでも多
くの人が生活の主体者として家事労働に関わる姿勢をもつような方向をめざさな
ければならない．

対人サービス的家事労働は，手段の代替ができても心理的なつながりの代替は
難しいことが多い．とくに，子どもが不登校やひきこもりなどの問題を抱えた場
合，親は子どもとともに悩み，子どもにどのような支援ができるのか，心を砕く
のである．また，育児や介護の社会化が進むにつれ，福祉サービスの利用に伴う
新たな家政管理労働も増加している．そのような状況の中で生活経営力を高める

必要がますます増加している.　　　　　　　　　　　　　　　〔福田豊子〕

# 文　　献

コーワン，R. S. 著，高橋雄造訳（2010）『お母さんは忙しくなるばかり』p.203，法政大学出版
　局［原著 1983］

伊藤セツ（1990）『家庭経済学（経済学叢書 15）』有斐閣

伊藤セツ（2004）「家庭経営の目的と方法」（社）日本家政学会編『新版家政学事典』p.156，
　朝倉書店

経済産業省資源エネルギー庁（2014）「省エネって何？（家庭向け省エネ関連情報）」
　https://www.enecho.meti.go.jp/category/saving_and_new/saving/general/what/（2020 年
　6 月 17 日閲覧）

経済産業省（2018）『平成 30 年版　情報通信白書』http://www.soumu.go.jp/johotsusintokei
　/whitepaper/ja/h30/pdf/n2100000.pdf（2020 年 6 月 17 日閲覧）

マクルーハン，M. 著，栗原　裕・河本仲聖訳（1987）『メディア論—人間拡張の諸相—』みす
　ず書房［原著 1964］

日本 FP 協会．https://www.jafp.or.jp/（2019 年 9 月 19 日閲覧）

斎藤悦子（2018）「福井県共働き夫妻の家事労働の社会化と生活時間」『社会政策』**10**（2），
　23-31

SHARP.「COCORO KITCHEN」https://jp.sharp/reizo/feature/cocoro/（2020 年 6 月 17 日
　閲覧）

総務省統計局（2018）「家計調査通信第 527 号（平成 30 年 1 月 15 日発行）」https://www.
　stat.go.jp/data/kakei/tsushin/pdf/30_1.pdf（2019 年 9 月 23 日閲覧）

ティーレ＝ヴィッテヒ，マリア（1995）「家族と生活関連の諸機関との相互関連」，ナンシー，
　B. ライデンフロースト編，松島千代野監修，（社）日本家政学会家庭経営学部会訳『転換期
　の家族』産業統計研究社［原著 1992］

# 第13章　生活と福祉

## ▌▌13.1　社会保障制度のしくみ

### 13.1.1　日本の社会保障制度

社会保障制度は，日本国憲法第25条（第1項 すべて国民は，健康で文化的な最低限度の生活を営む権利を有する．／第2項 国は，すべての生活部面について，社会福祉，社会保障及び公衆衛生の向上及び増進に努めなければならない．）に規定される「生存権」にのっとって整備されてきた．社会保障には生活のリスクに対応してその安定を図る「生活安定・向上」，所得を移転させることにより社会全体で支え合う「所得再分配」，景気変動による生活への影響を緩和して経済を安定させる「経済安定」という3つの機能があるとされている．

日本の社会保障制度は，年金，医療，介護などの社会保険，生活困窮者を救済する公的扶助，児童福祉や障害者福祉，老人福祉などの社会福祉，環境衛生や疾病予防などの公衆衛生（および医療）の4つに分類されている．また社会保障制度にかかる国際比較に用いられるOECDの基準では，「社会支出」を① 人々の厚生水準が極端に低下した場合に，それを補うために個人や世帯に対して公的あるいは民間機関により行われる財政支援や給付，② 社会的目的を有しており，制度が個人間の所得再分配に寄与しているか，または制度への参加が強制性をもっていることを満たすもの，と定義し，ここに含まれる社会保障制度を9つの分野（高齢，遺族，障害・業務災害・傷病，保健，家族，積極的労働市場政策，失業，住宅，他の政策分野）に分けている．

図13.1は人生のライフステージと関連しながら生涯にわたってわれわれの生活を支えている社会保障制度について，機能別に示した図である．たとえば「社会福祉等」の就学期をみると，放課後児童クラブや児童手当などの制度が設けられていることがわかる．この他に，小学校・中学校に通う子どもの保護者に対す

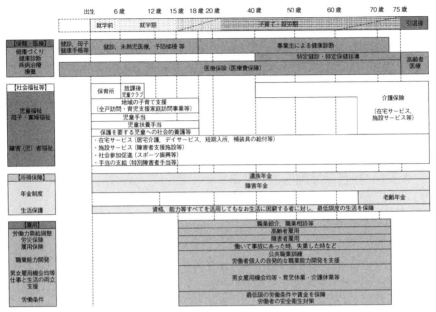

**図 13.1** ライフステージと機能別にみた社会保障制度（厚生労働省, 2017a, p.8）

る経済的支援としては，学校教育法第 19 条による就学援助制度がある．生活保護法第 6 条第 2 項に規定する要保護者と，市町村教育委員会が要保護者に準じる程度に困窮していると認める者が対象で，申請により学用品費などの援助を受けることができる．高等学校段階では，高等学校等就学支援金の支給や都道府県による高校生等奨学給付金事業が実施されている．就学期を過ぎると「社会福祉等」は手薄になり，就労期の雇用保険や労災保険など，「雇用」で対応するようになっている．若年世代を対象とするこのような制度のあり方と接続性について，広井（2006）は「人生前半の社会保障」という新たな視点での社会保障・教育改革の必要性を主張した．

### 13.1.2 社会保障制度のこれまでとこれから

日本の社会保障制度について，1950 年の社会保障制度審議会の勧告では，生活困窮に陥った者に対して最低限度の生活を保障し，公衆衛生及び社会福祉の向上を図り，すべての国民が文化的社会の成員たるに値する生活を営むことができるようにすること，生活保障の責任は国家にあることが明記されている．1995 年の社会保障制度審議会の勧告では，社会保障制度がすべての国民の生活に不可

欠なものとして組み込まれていることをふまえ，新しい理念を「広く国民に健や
かで安心できる生活を保障することである」とした．これは制度の対象を限定し
た選別主義から普遍主義への転換を意味するものである．

　2000 年代になり，ワーキングプア（働く貧困層）やネットカフェ難民，派遣
切りといった非正規雇用者の就労と貧困の問題に対する認知が高まった．2012
年には，子どもの相対的貧困率（第 7 章参照）が過去最高に達したことで貧困状
態にある子どもと家庭の状況に社会的関心が集まり，男女間の賃金格差，子育て
や介護などケア労働を担う人々が不安定な立場で就労，または離職せざるを得な
い実態や，就職氷河期世代に代表される若者を取りまく問題が表出した．その間
にも社会保障制度の今後のあり方に対する議論や改革が進められ，2012 年 8 月
には社会保障と税の一体改革に関連する法案が成立した．2013 年 8 月 6 日に取
りまとめられた社会保障制度改革国民会議報告書では，改革の方向性を，すべて
の世代を対象とし，すべての世代がその能力に応じて支え合う全世代型の社会保
障を「21 世紀（2025 年）日本モデル」として，家族・親族，地域の人々などの
間のインフォーマルな助け合い（互助）によるコミュニティの再生を進めるべき
としている．地域共生社会の実現に向けたその一環として，重度の要介護状態と
なっても住み慣れた地域で自分らしい暮らしを人生の最後まで続けることができ
るよう，住まい・医療・介護・予防・生活支援が一体的に提供される地域包括ケ
アシステムの構築がある．

　一方，宮本（2017）は，困窮と孤立が世代を超えて広がっている現実に既存の
制度と支出のあり方が適合していないことを明らかにするとともに，地域で人々
が支え合うことを困難にしている事態を打開し，共生を可能にする制度保障の設
計および家族やコミュニティの支え直しが問われなければならないとして「共生
保障」を構想した．その内容として，まず，これまで「支える側」であった現役
世代を「支え直す」制度や施策としての子育て支援，リカレント教育や職業訓練
などがある．次に「支えられる側」とされがちであった人々の参加機会を拡大
し，社会につなげる制度や施策としての社会保障・福祉の相互連携の強化，社会
参加を阻害してきた複合的な問題に包括的に対処するサービスなどである．さら
に，より多くの人々が支え合いの場に参入することを支援し，新たな共生の場を
つくりだす就労や居住に関する補完型所得保障の施策などにも論及している．ま
た，宮本は 2015 年から始まった生活困窮者自立支援制度（コラム参照）につい
て，伴走型の支援を制度化し，資源を投入しての自立支援，就労の現実的な条件

づくり，そして縦割りから包括的な支援へという流れであり，「共生保障」の構想と重なるものであるとも述べている．制度が機能するためには，この制度を支える財政の裏付けと自治体の取組みが必要である．

■　▶コラム　生活保護と生活困窮者自立支援制度（厚生労働省）
　　生活困窮者自立支援制度は，生活保護制度を見直し，最後のセーフティネットと称される生活保護にいたる前の段階での生活困窮者対策に総合的に取り組むため，2013 年成立の生活困窮者自立支援法にもとづいて 2015 年 4 月から始まった．求職者支援制度とともに，社会保険制度・労働保険制度に次ぐ第二のセーフティネットとして位置づけられている．生活全般の困りごとの相談に対して一人ひとりの状況に合わせた支援プランを作成し，専門の支援員が相談者に寄り添いながら，他の専門機関と連携して解決に向けた支援を行う．2018 年の生活困窮者等の自立を促進するための生活困窮者自立支援法等の一部を改正する法律により，自立相談支援事業・就労支援準備支援事業・家計改善支援事業の一体的実施の促進が図られ，学習支援，生活習慣・育成環境の改善，教育及び就労（進路選択等）に関する支援を総合させた子どもの学習・生活支援事業ならびに一時生活支援事業を拡充した居住支援が強化された．他に住宅確保給付金の支給と就労訓練事業がある．
　　改正法では生活困窮者自立支援の基本理念を ① 生活困窮者の尊厳の保持，② 生活困窮者の状況（就労や心身の状況，地域社会との関係性など）に応じた包括的・早期的な支援，③ 地域における関係機関等との緊密な連携等支援体制の整備として明確化し，適切かつ効果的な支援の展開につなげていくとしている．

〔角間陽子〕

## 13.2　互助・共助による生活保障

### 13.2.1　生活保障における互助・共助の位置づけ

#### a.　持続可能な生活を可能とする「互助・共助」

　生活保障とは，誕生，成長，加齢，死亡という個人の生涯の中で直面するさまざまなリスクに対する備え，あるいはそのための援助システムである（工藤，2004，p.251）．

　13.1 節で取りあげた社会保障制度は，生活保障の基盤をなすものであり，国の責任において整備される「公助」のしくみである．一方，生活保障のしくみには，地域コミュニティにおける住民同士の助け合いや非営利組織などによる支え合いなどの「互助・共助」などの活動も組み込まれている．なお，生活経営上の

ニーズの充足や生活リスクに対する個人の努力や家族・親族によるサポート，市場からのサービスなどの調達（購入）などは，「自助」とされる[1]．

　私たちが人間らしい生活を営み，それが持続可能であるためには，収入を得ることだけでなく，コミュニティの一員として承認され，安心できる居場所があり，自分自身と他者のためによりよい社会環境を創造する営みに参画していけることも重要である．

### b. 「地域共生社会」構想と互助・共助

　第5章でも取りあげてきたように，人口構造や家族，地域を取りまく状況の変化の中で，国は，人々がさまざまな生活課題を抱えながらも住み慣れた地域で自分らしく暮らしていけるよう，地域住民らが支え合い，一人ひとりの暮らしと生きがい，地域をともに創っていくことのできる「地域共生社会」の実現に向けて制度・施策の再編成を進めている．

　「地域共生社会」は，これまで対象者別・機能別に整備された縦割りの公的支援のあり方を見直すとともに，「支え手」「受け手」という関係を超えて，地域住民や地域の多様な主体が参画し，人と人，人と資源が世代や分野を超えつながることで，住民一人ひとりの暮らしと生きがい，地域をともに創っていく社会をめざすものとされている（厚生労働省，2017）．つまり，これからの「地域共生社会」においては，「互助・共助」の果たす役割が一層重要性を増しており，私たちがこのような生活保障のしくみづくりにどのように関わっていくかということ自体が，これからの生活経営の課題となっているのである．

## 13.2.2　地域における互助・共助の事例─宮城県石巻市の取組み─

　2011年3月11日に発災した東日本大震災の被災地である宮城県石巻市では，国の交付金で整備したインフラの維持管理コストの問題や，他の自治体からの応援職員・任期付き採用職員が減少する一方で，事業は継続しなければならないという被災地特有の課題を抱えつつ，「協働」を合言葉に地域自治システムの構築をめざしている．地域自治システムとは，町内会，社会福祉協議会，NPO，学校，地元企業などを構成員とする地域自治組織をつくり，地域のことをよく知る住民が多様化・複雑化する地域の課題解決に向けて主体的に地域づくりに取り組み，行政がそれをサポートするしくみである．

　地域自治によるコミュニティ形成・協働のまちづくりの一例として，北上地区の一般社団法人ウィーアーワン北上による，住民による住民のための地域づくり

の活動などがある．ウィーアーワン北上は，「コミュニティー・なりわい・集落」
の再生を柱に，「公助」と「互助・共助」をつなぐ中間支援組織として地域の女
性を中心に活動している．白浜海水浴場の再開をめざす活動や子どもの遊び場提
供などのほか，2019年3月には全住民を対象としたアンケート（1,822部配布，
1,679部回収，回収率92.2%）を実施し，今後のコミュニティ形成に向けた貴重
な資料の提供を行うなど協働の取組みを活発に展開している[2])．

### 13.2.3　生活者主体の互助・共助による生活保障の実現に向けて

　石巻市の事例は復興とコミュニティ再生という被災地特有の課題のみならず，
少子・高齢化，人口減少，地域経済の衰退といった日本社会が直面している課題
をどのように克服していくかを考えるうえで示唆に富むものである．自助，互
助・共助，公助それぞれが社会の持続可能性のために役割を認識し，バランスの
とれた生活保障システムを構築していかなくてはならない．重要なことは「自
助」を「自立強制」とはき違えて生活者を突き放すことではなく，生活者一人ひ
とりが性別や障害の有無，経済状況などにかかわらず社会やコミュニティに参画
でき，あるいは包摂されるようなしくみや環境を「互助・共助」と「公助」の連
携によってつくりだすことである．

　差別，格差や貧困，社会的排除といった問題を克服し，持続可能な生活保障シ
ステムの構築と「地域共生社会」の実現が求められる．大沢（2010，pp.21-22）
は，貧困，所得格差，失業，教育の格差，健康の不平等，市民権の壁などのため
に，社会のいろいろな場面に参加できない「社会的排除」を克服できないという
場合は，生活保障システムが「機能不全」であり，政策が改善すべき状況をかえ
って悪化させているような場合は「逆機能」であると指摘している．私たち一人
ひとりが「互助・共助」の活動に主体的に関わり生活保障システムを機能させる
ことが，生活経営の重要な課題である．　　　　　　　　　　　　〔伊藤　純〕

## 13.3　福祉と情報・テクノロジー

### 13.3.1　現代の生活経営に欠かせない情報とテクノロジー

　われわれの社会は乳児から高齢者，さまざまな性，障害の有無など，多様な
人々によって構成されている．地域社会には，そうした人々の多様なニーズに応
えるための制度やサービスが整備される必要がある．本節では，地域社会の福祉

環境が整備され互助・共助がよりいっそう推進されるとともに，それを利用する
多様な人々が，情報にアクセスし利用できることの重要性を取りあげる．

　現代生活の中で，スマートフォンや携帯電話，インターネットの利用は不可欠
なものとなっている．冒頭でふれた制度やサービスに関する情報も現代ではイン
ターネットを通じて入手する機会が格段に増えてきている．このような状況にお
いては，その人がもっている情報の量や質，使い方によって，生活保障へのアク
セスに差が生じてしまう可能性が増大し，情報格差の課題が浮かび上がってく
る．

### 13.3.2　情報格差と情報のユニバーサル・デザイン

　情報格差（デジタル・ディバイド）とは，インターネットやパソコンなどの情
報通信技術を利用できる者と利用できない者との間に生じる格差[3]のことをい
う．そこで，情報格差を解消するために 2000 年ごろから先進国を中心にさまざ
まな対策が行われてきた．その 1 つに「情報のユニバーサル・デザイン」がある
（コラム参照）．それは，あらゆる人が情報の格差をもたず，いつでもどこでも情
報通信システムを円滑に利用・活用できるようなコミュニケーション環境を構築
することをさす．たとえば，Web サイトなどの文字の読みやすさ，画面の明る
さ，コントラスト，見出し，内容のわかりやすさなどを，誰でも利用しやすいも
のにすることである．

　たとえば，字幕も情報のユニバーサル・デザインである．字幕は聴覚障害者を
補助する技術（AT；assistive technology）の 1 つに位置づけられるのはもちろ
んであるが，字幕の活用方法は多岐にわたっている．JR の電車などに設置され
た動画版の車内広告や，動画サイト「YouTube」の字幕対応である．現在，多
くの YouTube の動画には字幕がついていて，画面上にある「字幕」ボタンでオ
ン・オフにできるものも多い．このツールはさまざまな場所で使われている．電
車や飲食店の利用客の中には，YouTube やワンセグ動画を消音モードにし，字
幕をオンにして閲覧している人もいる．このように，字幕はわれわれの身近な生
活にも浸透してきており，聴覚障害の有無にかかわらず，すでに多くの人に受け
入れられつつある．生活の中で重要な情報を必要なタイミングで誰もが受け取る
ことができ，それを十分に活用・実践していけることをめざすのが情報のユニバ
ーサル・デザインの考え方である．

▶コラム　ユニバーサル・デザイン／情報のユニバーサル・デザインとは

　ユニバーサル・デザイン（universal design）とは，年齢，国籍，性別，個人の能力を問わず，最初からできるだけ多くの人が利用できるようにデザインすることであり，その中にはデザインの利用に付帯するサービス，考え方，デザインプロセス等も含まれている．この言葉や考え方は，米国のノースカロライナ州立大学教授であったロナルド・メイス（Ronald Mace）によって提唱され，同大学のユニバーサル・デザイン・センターは，ユニバーサル・デザイン7原則を編集した（表13.1 参照）．

　情報のユニバーサル・デザインについては，総務省（2009）が「利用環境のユニバーサル・デザインの推進」として，情報アクセシビリティの確保などをあげている．電気通信機器などへのアクセシビリティ（可能な限り高齢者・障害者が利用できるようにする．容易に操作できる）と，ウェブアクセシビリティ（高齢者や障がい者など誰もがWEBに容易にアクセスできること）であり，ガイドラインなどの策定を行っている．

　なお，ユニバーサル・デザインとともにバリアフリーという言葉もよく使われ，この2つの概念は混同されることも多いが，バリアフリーは既存の「バリア（障壁）」を取り除くことで，具体的には段差をなくしたりするなど，事後対策ともいわれる．一方でユニバーサル・デザインは最初から使いやすいデザインを想定していることから事前対策とも表現される．いずれにせよユニバーサル・デザインとバリアフリーは誰もが快適に暮らせる社会をつくるために，お互いに補い合いつつ進んでいく関係にある．

**表13.1**　ユニバーサル・デザインの7原則

| |
|---|
| 原則1．　誰にでも使用でき，入手できること |
| 原則2．　柔軟に使えること |
| 原則3．　使い方が容易にわかること |
| 原則4．　使い手に必要な情報が容易にわかること |
| 原則5．　間違えても重大な結果にならないこと |
| 原則6．　少ない労力で効率的に，楽に使えること |
| 原則7．　アプローチし，使用するのに適切な広さがあること |

### 13.3.3　福祉と情報・テクノロジーの事例

　ここでは，福祉に関わる情報・テクノロジー事例として，ATM（現金自動預け払い機）と，誰もが日頃から頭に入れておかなければならない防災情報の事例を取りあげる．

#### a.　ATMの事例から情報のユニバーサル・デザインを考える

　金融業界では2000年以降，情報のユニバーサル・デザインの一環としてATMの使いやすさの研究に取り組んできている．中でもセブン銀行は多様なニ

ーズに応えるために，情報のユニバーサル・デザインを含むいくつかの試みを行っている（セブン銀行 Web サイト）．具体的には，① ATM に備え付けられているインターフォンを通して，視覚障害者に対して，音声ガイダンスサービスを提供する，② ATM を利用する人の中には杖を使用している人もいることを考慮し，杖を置く場所とドリンクホルダーを設ける，③年齢・性別・障害に関係なく，あらゆる人が文字を読みやすくするためにユニバーサル・デザインフォント（UD フォント）を導入する，④色覚タイプの違いがあっても利用できるように，取引画面の色使いを見やすくする，⑤ ATM の利用者には外国人も増えていることから海外への送金サービスを提供する，などである．他銀行でも視覚障害者を対応にした点字対応の ATM を設置したり，車いすユーザーが利用できるように ATM の高さを調節したりするなどの工夫がなされている．

### b. 防災情報のユニバーサル・デザイン

　常に災害のリスクのある日本では，防災に関しても多様な情報提示のニーズがある．東京都では，防災ハンドブック『東京防災』を発行している．このハンドブックは，子どもから高齢者，外国人や障害者といった多様な読者がいることを想定して，UD フォントと図を用いて作成されている．避難に関する標識のデザイン（ピクトグラム）もできるだけ汎用的なものを用いている（図 13.2 参照）．誰もが災害などに遭遇する可能性がある．困難な状況に対応できるよう，日ごろから生活保障をはじめ安心・安全など重要な生活情報にアクセスできるしくみが必要である．

　障害などの状況に関わりなく，すべての人々の能力強化および社会的，経済的および政治的な包含を促進することや，社会保障政策などを導入し，平等の拡大を漸進的に達成することが，SDGs の 10 番目の目標「各国内及び各国間の不平

**避難所　Evacuation Center**
地震などにより住宅が倒壊し，行き場がなくなってしまった方々を一時的に受け入れます．また，災害に関する情報や被災された方に物資などを提供します．
「JIS Z8210」より引用

**災害時帰宅支援ステーション**
**Support Stations for those attempting to return home during a disaster**
帰宅困難者の徒歩帰宅を支援する施設（コンビニエンスストア・ファーストフード・ファミリーレストラン・ガソリンスタンドなど）．道路情報の提供，水道水，トイレ，休憩場所の提供などをします．

**避難場所　Evacuation Area**
大地震時に発生する延焼火災やそのほかの危険から避難者の生命を保護するために必要な面積を有する，大規模公園や広場などのオープンスペースをいいます．
「JIS Z8210」より引用

**津波避難場所　Tsunami Evacuation Area**
津波からの避難先となる，安全な場所や高台を指します．
「JIS Z8210」より引用

図 13.2　ピクトグラムの例（東京都（2015），pp.274-275）

等を是正する」にも取りあげられている．すべての人々が平等に生きられる社会のしくみづくりが求められている． 〔吉田仁美〕

## 注

1) 厚生労働省 (2013) は，「自助・互助・共助・公助」の区分を「費用負担による区分」から次のように説明する．税による公の負担が「公助」，介護保険などリスクを共有する被保険者の負担が「共助」であり，「自助」は「自分のことを自分でする」ことに加え，市場サービスの購入も含む．「互助」は相互に支え合っているという意味で「共助」と共通点があるが，費用負担が制度的に裏づけられていない自発的なものである．しかし，杉村 (2010, pp.50-52) によれば，社会保険は国の責務によって設計・運営される社会保障制度であるというだけではなく，保険適用の原因となる社会的リスクを減らすことにおいても本来国が責任を負うべき性格のものである．また，内閣府は，防災の分野において，「共助」を「地域や身近にいる人どうしが助け合うこと」と定義している (内閣府政府広報室, 2018)．これらのことから本節では，近隣住民や友人・知人同士によるインフォーマルな支え合い・助け合いを「互助」，地域コミュニティにおける組織化された支え合い・助け合いを「共助」ととらえ，両者を並記して使用することとする．

2) 経済統計学会，東北学院大学地域共生推進機構共催，シンポジウム「宮城県における震災復興の現状と今後の課題」(2019 年 9 月 7 日，於東北学院大学) における三浦晃氏 (石巻市復興政策部地域共同課長補佐) の講演および同氏への聞き取り，(一社) ウィーアーワン北上代表佐藤尚美氏への聞き取りおよび同法人 Facebook (https://ja-jp.facebook.com/wao.kitakami/, 2019 年 9 月 18 日閲覧) による．

3) 具体的には，インターネットやブロードバンドなどの利用可能性に関する国内地域格差を示す「地域間デジタル・ディバイド」，身体的・社会的条件 (性別，年齢，学歴の有無など) の相違に伴う ICT の利用格差を示す「個人間・集団間デジタル・ディバイド」，インターネットやブロードバンドなどの利用可能性に関する国際間格差を示す「国際間デジタル・ディバイド」などの観点で論じられることが多い (総務省, 2011)．

## 文　　献

阿部裕二編 (2019)『社会保障 第 6 版 (社会福祉士シリーズ 12)』弘文堂

広井良典 (2006)『持続可能な福祉社会—「もうひとつの日本」の構想—』筑摩書房

厚生労働省 (2013)「地域包括ケアシステムの 5 つの構成要素と「自助・互助・共助・公助」」

厚生労働省 (2015a)「生活困窮者自立支援制度について平成 27 年 7 月」https://www.mhlw.go.jp/file/06-Seisakujouhou-12000000-Shakaiengokyoku-Shakai/

2707seikatukonnkyuushajiritsusiennseidonituite.pdf（2019 年 9 月 28 日閲覧）

厚生労働省（2015b）「生活困窮者自立支援制度等の推進について①改正生活困窮者自立支援法について」https://www.mhlw.go.jp/content/12000000/000340726.pdf（2019 年 9 月 28 日閲覧）

厚生労働省（2017a）「平成 29 年版厚生労働白書—社会保障と経済成長」https://www.mhlw.go.jp/wp/hakusyo/kousei/17/dl/all.pdf（2019 年 10 月 8 日閲覧）

厚生労働省（2017b）「『地域共生社会』の実現に向けて（当面の改革工程）【概要】」

工藤由貴子（2004）「生活保障」（社）日本家政学会編『新版家政学事典』p.251，朝倉書店

宮本太郎（2017）『共生保障〈支え合い〉の戦略』岩波書店

文部科学省．「就学援助制度について（就学援助ポータルサイト）」http://www.mext.go.jp/a_menu/shotou/career/05010502/017.htm（2019 年 9 月 24 日閲覧）

内閣府（2019）「令和元年版 子供・若者白書（全体版）」https://www8.cao.go.jp/youth/whitepaper/r01honpen/pdf_index.html（2019 年 9 月 27 日閲覧）

内閣府政府広報室（2018）「防災に関する世論調査の概要」

大沢真理（2010）『いまこそ考えたい生活保障のしくみ』pp.21-22，岩波書店

セブン銀行 Web サイト．https://www.sevenbank.co.jp/（2019 年 9 月 12 日閲覧）

社会保障制度改革国民会議．「社会保障制度改革国民会議報告書—確かな社会保障を将来世代に伝えるための道筋—（平成 25 年 8 月 6 日）」https://www.kantei.go.jp/jp/singi/kokuminkaigi/pdf/houkokusyo.pdf（2019 年 8 月 26 日閲覧）

社会保障制度審議会．「社会保障制度に関する勧告（昭和 25 年 10 月 16 日）」http://www.ipss.go.jp/publication/j/shiryou/no.13/data/shiryou/syakaifukushi/1.pdf（2019 年 8 月 26 日閲覧）

総務省（2009）「情報バリアフリーの整備」http://www.soumu.go.jp/main_sosiki/joho_tsusin/b_free/b_free1.html

総務省（2011）『平成 23 年度版情報通信白書』

総務省（2018）『平成 30 年度版情報通信白書』

総理府社会保障制度審議会事務局（1995）「社会保障体制の再構築（勧告）—安心して暮らせる 21 世紀の社会をめざして—（平成 7 年 7 月 4 日）」http://www.ipss.go.jp/publication/j/shiryou/no.13/data/shiryou/souron/21.pdf（2019 年 8 月 26 日閲覧）

杉村　宏（2010）『人間らしく生きる—現代の貧困とセーフティネット—（放送大学叢書8)』左右社

東京都（2015）『東京防災』pp.276-277

東京都．「東京都防災ホームページ」https://www.bousai.metro.tokyo.lg.jp/（2019 年 9 月 13 日閲覧）

## 第**14**章　　生活と契約・消費者問題

## 14.1　消費者と契約，キャッシュレス社会

### 14.1.1　契約とは何か

　契約とは，2人以上の当事者が合意することによって，法的な権利義務関係が発生する行為をいう．契約は双方が実行すべきルールを決めているものであり，法的に保護される約束といえる．

　民法上の契約には，財産権に関するもの，物の貸し借りなどに関するもの，労務の提供に関するものなどがあるが（表14.1），消費者に関する契約は売買契約に関するものが多い．この契約は，買い手の「買いたい」という意思表示と売り手の「売りたい」という承諾の意思表示が合致することによって成立する．これを契約の自由という．たとえば商品を購入する際，買い手の「買いましょう」と売り手の「売りましょう」という口頭による合意（口約束）で，売買契約は成立する．この場合，契約書がなくても契約は成立していると見なされる．商品の購入や電車やバスの利用，レンタルなども契約である．契約内容の確認や証拠として契約書を作成する場合もあるが，口頭でのやりとりだけでも契約は成立する．

**表 14.1　日常生活における契約**

| 行　為 | 契約の種類 |
| --- | --- |
| 自動販売機で商品を買う | 売買契約 |
| インターネットで商品を購入する | 売買契約 |
| 電車やバスに乗る | 運送契約 |
| アパートを借りる | 借家契約 |
| コインロッカーに荷物を預ける | 賃貸借契約 |
| お店でアルバイトをする | 労働（雇用）契約 |
| 高校に入学する | 入学（在学）契約 |

### 14.1.2 成年年齢引き下げと消費者契約

第4章でみたように, 2022年4月より, 2018年改正の民法が施行され, 成年年齢が20歳から18歳に引き下げられる. 民法による成年年齢とは,「一人で契約することができる」「父母の親権に服さなくなる」という意味がある. 未成年者は, 親の同意がなければ携帯電話の契約, クレジットカードの作成, アパートの賃貸契約などを行うことができないが, 法律施行後は, 18歳からこれらの契約を本人の意思だけで行うことが可能となる. また, 未成年者の契約については, 一定の条件を満たせば取消しが認められているが, 成年年齢の引き下げにより, 18歳, 19歳では未成年者としての契約取消しはできなくなる.

### 14.1.3 キャッシュレス社会とは

世界的にキャッシュレスが進行しているといわれる. キャッシュレス社会 (cashless society) は, 現金を使用する必要がなく, クレジットカードや電子マネーなどを利用した電子決済が普及した社会をいう. キャッシュレスにはプリペイド (前払い), リアルタイムペイ (即時払い), ポストペイ (後払い) などの支払い手段がある (表14.2).

**表14.2** キャッシュレス支払い手段の例 (経済産業省, 2018)

| | プリペイド<br>(前払い) | リアルタイムペイ<br>(即時払い) | | ポストペイ<br>(後払い) |
|---|---|---|---|---|
| おもなサービス例 | 電子マネー<br>(交通系, 流通系) | デビットカード<br>(銀行系, 国際ブランド系) | モバイルウォレット<br>(QRコード, NFCなど)<br>※プリペイ, ポストペイ可能 | クレジットカード<br>(磁気カード, ICカード) |
| 特 徴 | 利用金額を事前にチャージ | リアルタイム取引 | リアルタイム取引 | 後払い, 与信機能 |
| 加盟店への<br>支払いサイクル | 月2回など | 月2回など | 即日, 翌日, 月2回などさまざま | 月2回など |
| おもな支払い方法 | タッチ式 (非接触) | スライド式 (磁気)<br>読み込み式 (IC) | カメラ／スキャナ読み込み (QRコード, バーコード)<br>タッチ式 (非接触) | スライド式 (磁気)<br>読み込み式 (IC) |
| 【参考】<br>2016年の民間最終消費支出に占める比率 | 1.7% | 0.3% | — | 18.0% |

## 14.1.4　クレジットカードのしくみと多重債務問題

クレジットカードの使い方には，ショッピング（買い物）とキャッシング（現金の借入）がある．ショッピングは，購入代金をカード会社に立て替えてもらい，後日カード会社からの請求に対し支払いを行う 3 者間契約で成立している（図 14.1）．1 回払い，分割払いなどがある．一般に，3 回以上の分割払いは金利がかかる．キャッシングは，クレジットカードの利用法の中で最も金利が高くなるのが一般的である．

金利とは，お金の借り貸しの価格ともいわれ，お金を預けると利子を得ることができ，お金を借りると利息を支払わなくてはならない．また，複利とは，利子にもまた利子がつき，得たり，支払ったりする金額が増えていくものである．また，リボルビング払いとは，クレジットカードや消費者金融を利用した場合の借金の返済方法の 1 つで，毎月定額または残高の定率を支払う．たとえば，月々の支払額を 5,000 円と設定しておけば，1 ヶ月に 1 万円分の買い物をしても 10 万円分の買い物をしたとしても毎月の返済は 5,000 円である．しかし，利用代金には返済期間中の金利がかかり，返済額には利息が含まれることとなる．利用代金を分割して支払うため，月々の返済負担が小さくみえるが，利息部分が多く含まれ，返済残高がなかなか減らないというデメリットがある（表 14.3）．また，借入額と返済額が直接対応関係にないため，未返済の大きさをつかみにくい．

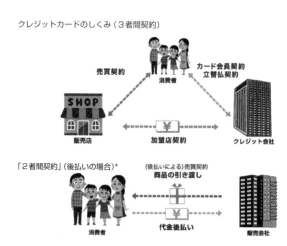

*後払い以外でも，消費者と販売側の売買は 2 者間契約

**図 14.1**　契約当事者の数による分類（2 者間契約と 3 者間契約）（日本クレジット協会 Web サイト）

**表 14.3** 支払い方法による支払い額の違い

10 万円のものを購入，年利（実質年率）15%（月利 1.25%）の場合

| 支払い方法 | 支払い期間 | 最終的な支払い額 |
|---|---|---|
| 一括払い（手数料なし） | — | 10 万円 |
| 分割払い（3 回） | 3ヶ月 | 10 万 2,510 円 |
| 分割払い（12 回） | 12ヶ月 | 10 万 8,310 円 |
| リボルビング払い<br>（月額 5,000 円・元金定額方式）<br>毎月の利息 1 円未満を切り捨て | 20ヶ月 | 11 万 3,120 円 |

このように，クレジットカードなどでの商品やサービスの購入に伴い代金を貸し付けることを販売信用といい，キャッシングのように金銭を直接貸し付けることを消費者金融という．この両者を合わせて消費者信用という．消費者信用とは，消費者の信用力をもとにして貸付を行う金融サービスのことである．

消費者信用の利用において問題となるのは，多重債務である．多重債務の一例に，ある金融業者から借入を行うが返済できないため，他の金融業者から借入を行うことを繰り返し，利息の支払いも増え，借金が雪だるま式に増え続けるというものがある．消費者が多額の借金を抱えたことは，消費者が安易に借金を行った結果ともいえるが，消費者金融から容易に借入ができることも大きな原因であった．

そこで，多重債務問題を解決するため，2006 年 12 月に貸金業法が改正され，2010 年 6 月に施行された．貸金業法のポイントは，①借りることのできる額の総額の制限，②上限金利の引き下げ，である．金利を規制する法律としては，大きく利息制限法と出資法がある．本法の施行により，利息制限法は，元本 10 万円未満は年 20%，元本 10 万円以上 100 万円未満は 18%，元本 100 万円以上は年 15% と定めて，これらの金利を超える部分は支払わなくてよいと定められた．また，出資法では，貸金業者の上限金利が以前の 29.2% に比べ大きく引き下げられ，20% と定められた．

やむを得ず借金を返済できなくなった場合は，自己破産や個人再生，任意整理などの方法で債務整理を行うことができる（表 14.4）．破産申立者の年齢構成をみると，20 代 6.37%，30 代 18.15% と，若者の破産申立ても多い（日本弁護士連合会，2014）．

**表 14.4　債務整理の方法**

| | |
|---|---|
| 自己破産 | 個人の債務者が返済不能に陥ったとき，裁判所に破産の申立てをし，裁判所が債務者に対して破産を宣告すること．破産者は官報に住所氏名が公表され，信用情報機関へ破産の事実が最大 10 年間登録される |
| 個人再生 | 債務者が返済不能になったとき，全債権者に対する返済総額を減額し，原則 3 年間で返済できる計画を立て，裁判所が認めれば，残りの債務が免除される制度 |
| 任意整理 | 裁判所などの公的機関を通さずに，債務者と債権者の間で利息などを減らす交渉をして借金額を減らす方法 |

※その他，簡易裁判所の調停手続きによって，債権者と借金の返済方法を話し合って決める特定調停という債務整理方法もある．

## 14.1.5　キャッシュレス社会の進展

　キャッシュレスはどのくらい進行しているのだろうか．経済産業省（2018）の報告書「キャッシュレスビジョン」により現状を確認する．民間最終消費支出に占める割合は，韓国では約 90％，中国が 60％，カナダ，イギリス 55％，オーストラリア 51％，アメリカ 45％，フランス約 40％であり，日本は 20％，ドイツは14％と著しく低い．また，国によってはデビットカードが主流であるが，日本ではカード利用のほとんどはクレジットカードである．しかしながら，カード所有数では，日本は 1 人あたり平均 7.7 枚と，多くの支払い手段をもっているといえる．

　この他のキャッシュレス支払いの手段に仮想通貨がある．2017 年の資金決済法の改正では，仮想通貨に関する事項が規定された．

　日本でキャッシュレス化が進まない理由としては，「治安のよさ」「偽札などがなく現金への信頼度が高い」「POS レジが迅速で店頭での現金を扱う煩雑さがない」「ATM の普及で現金の入手が容易」「店舗に導入する際，コストや維持費がかかる」などがあげられている．経済産業省では，2025 年大阪・関西万博までに「支払い改革」としてキャッシュレス決済 40％をめざしており，続々と新たな支払いスキームも登場している（表 14.5）．これらをよく理解する力を身につけることも，これからの生活経営には必要なことであろう．キャッシュレス化を推進する技術は，家計管理の簡便化も可能にしている．同時に，キャッシュレス化は，現金持ち歩きや支払い時の手間を省略できるが，お金の動きを実感しにくくなる．収支の家計管理がいっそう必要になっている（重川，2020）．

**表 14.5** 支払いサービスに用いられる新たなスキームの例（経済産業省, 2018）

| 分類 | 金融市場の組織のアプローチ* | 顧客接点 | 主要サービス |
|---|---|---|---|
| 自社顧客基盤を活用した支払い | ・プラスチックカード不要の支払いサービス<br>・支払い情報の活用サービス | ・支払いアプリを活用した顧客とのコミュニケーションの実現 | ORIGAMI Pay　R Pay　 Pay |
| 加盟店に特化した支払い | ・中小店舗の売上管理 IT 化<br>・中小店舗の非現金支払い<br>（低料率, 低導入コスト） | ・低コストな端末提供<br>・中小店舗の支払いシステムの IT 化実現 | Square　AirPAY　Coiney |
| 独自支払いネットワークの構築（非カードブランド支払い） | ・支払いセンターを経由しない低価格通信インフラの活用 | ・SNS など独自のネットワークを活用 | LINE Pay　PayPal |
| 独自インハウス支払いネットワーク構築 | ・ブランド・フィー, チャージ（ブランドの手数料）からの解放 | ・支払い前の購買（物品, サービス）のゲートウェイ（ネットワーク）や金融商品の接点としても成立 | Alipay　WeChat Pay |

＊：支払いサービスを提供する事業者により提供されるサービス

〔鎌田浩子〕

## 14.2 消費者問題と消費者支援

### 14.2.1 消費者問題の発生

　高度経済成長期以降，大量生産・大量販売が進み，消費者は多種多様な商品を購入することができるようになった．しかし，ひとたび生産過程などで問題が起こると，市場に多くの欠陥品が出回ることになり，カネミ油症事件（1968 年）などの生命や健康に被害をもたらす事件が起きた．不当景品類及び不当表示防止法（景品表示法）の制定（1962 年）の背景には，行きすぎた景品つきの販売やニセ牛缶事件（1960 年）があった．急速な産業・経済の発展は，一方で，消費者被害や不当表示，公害，インフレによる物価高など，多くの消費者問題をもたらすことになったのである．

　消費者が受ける被害や不利益の問題を消費者問題という．今日のような大量生

産・大量消費社会では，消費者と事業者の間に情報の量や質，交渉力などの格差が生じ，この社会構造のために消費者問題が発生する．両者の格差を少なくするために，消費者関連法や消費者行政機関などによる消費者支援が必要となる．

### 14.2.2　消費者問題の変遷

消費者問題は社会状況や消費生活を反映して変化し，その対応が求められてきた．戦後，不良マッチ追放主婦大会（1948 年）や物価値下げ運動など，物不足や品質不良，物価高などから生活を守ろうとする消費者運動が起こった．消費者問題に立ち向かうため，消費者が団結する消費者団体が誕生したのがこの時期である．第一回全国消費者大会（1957 年）が開催され，消費者主権を盛り込んだ「消費者宣言」が出された．

1960 年代から，商品の安全性や品質・性能，不当表示などの消費者問題が社会問題と認識されるようになり，消費者保護基本法（1968 年）では消費者保護が国，地方公共団体の責務に位置づけられ，1970 年には国民生活センターが設立，地方自治体では消費生活相談の窓口となる消費生活センターが開設された．

1970 年代には悪質な訪問販売や催眠商法などのいわゆる悪質商法が現れ，多様な販売方法や契約などに関する消費者問題が増加した．1976 年には訪問販売法（2000 年に特定商取引法に改称）が制定された．法律に定められたクーリング・オフ制度は，最初は 4 日間であったが，新たな販売・勧誘方法などに対抗するために延長され，現在では表 14.6 のようになっている．

1980 年代にはクレジットカードが普及し，とくに消費者金融による多重債務問題が深刻化した．1983 年には貸金業規制法（現在の貸金業法）が公布された．また，豊田商事事件など資産運用に関わる消費者被害や，キャッチセールスやア

表 14.6　特定商取引に関する法律におけるクーリング・オフできる取引とその期間

| 取引形態 | 期　間 |
|---|---|
| ・訪問販売（キャッチセールス，アポイントメントセールスなども含む）<br>・電話勧誘販売<br>・特定継続的役務提供（エステ，語学教室，学習塾，家庭教師，パソコン教室，美容医療など）<br>・訪問購入（貴金属などを事業者が買い取る取引） | 8 日間 |
| ・連鎖販売取引（いわゆるマルチ商法）<br>・業務提供誘因販売取引（内職商法，モニター商法など） | 20 日間 |

※特定商取引に関する法律で特定商取引の 1 つである「通信販売」には，クーリング・オフに関する規定はない．

ポイントメントセールス，マルチ商法などによる消費者被害も増加した．企業では「お客様相談室」が設置されるようになり，企業内の消費者相談窓口担当者らで組織した ACAP（消費者関連専門家会議）が設立された．

1990 年にカラーテレビの発煙・発火事故が相次ぎ，1994 年に製造物責任法（PL 法）が公布された．製造物責任法は，製品の欠陥によって生命や身体，財産に損害を被ったことを証明した場合に，製造業者などに対して損害賠償を求めることができる法律である．民法の不法行為責任による損害賠償請求では，消費者が事業者の過失を立証しなければならないため，消費者と事業者の情報量の格差から立証が大変困難であったが，製造物責任法により以前に比べると損害賠償請求がしやすくなった．

1990 年代後半から家庭にパソコンが普及し，携帯電話やスマートフォンが登場し，インターネット関連の消費者問題が増加した．ネット通販やネットオークション，子どものオンラインゲームなどのトラブルが発生し，2000 年代には，架空請求・不当請求などの迷惑メール被害やワンクリック詐欺が増加した．

2000 年に制定された消費者契約法は，消費者と事業者との間に結ばれるすべての契約に適用される．消費者を誤認・困惑させる勧誘など（不実告知，不利益事実の不告知，断定的判断の提供，過量契約，不退去，退去妨害）があった場合には取り消すことができる．また 2018 年の改正では，就職セミナー商法やデート商法，霊感商法などに関する契約も追加され，さらに無効条項として，平均的な損害の額を超えるキャンセル料条項や消費者の利益を一方的に害する条項などが追加された．

近年は高齢化に伴い，高齢者に関する消費生活相談が増加傾向にある．高齢者の判断力の低下や「お金」，「健康」，「孤独」などの不安につけこむ悪質商法が多く発生している．また，SNS が何らかのかたちで関連している消費生活相談が増加している（図 14.2 参照）．SNS は便利なコミュニケーションツールであるが，アポイントメントセールスやデート商法，マルチ商法などの勧誘，SNS 広告による商品購入などさまざまな消費者被害も発生している．

先述のように，2022 年 4 月から成年年齢が 18 歳に引き下げられる．18 歳以上で契約が一人でできるようになるが，18 歳，19 歳には未成年者取消権も適用されなくなり，悪質商法のターゲットとなりやすくなる．早いうちから契約に関する法律，たとえば民法，消費者契約法，特定商取引法などを理解し，消費者被害を防ぐことが必要となる．

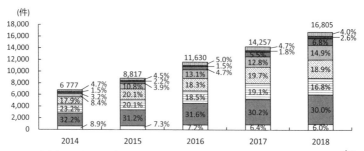

**図 14.2**　SNS が何らかのかたちで関連している消費生活相談（消費者庁（2019a），p.4）

### 14.2.3　消費者の権利と責任

　1982 年に国際消費者機構（CI；Consumers International）は，消費者の権利と責任を提唱した（表 14.7 参照）．消費者が情報を十分に与えられて適切に意思決定できるように求めることは消費者の権利となる．また，消費者には権利と同時に責任がある．たとえば，購入した商品に不具合があったときに，事業者に伝えることは，消費者の権利であると同時に責任ともなる．

　消費者教育推進法（2012 年）では，消費者が自らの消費行動が将来にわたって内外の社会，経済，環境に及ぼしうることを自覚し，公正かつ持続可能な社会の形成に積極的に参画する社会を消費者市民社会と定義した．

　消費者の社会的責任を示す考え方の 1 つに，経済的投票権がある．消費者がある商品を買うことは，それを提供する事業者を支持することを意味する．消費者が何を買うかという消費行動は，社会や経済，政策に大きな影響を与える．先進国事業者の安値競争の背景には，開発途上国の立場の弱い生産者から不当に安い価格で買い叩いて原材料を仕入れるような取引や，劣悪な労働条件による健康被

**表 14.7**　消費者の権利と責任

| 消費者の 8 つの権利 | 消費者の 5 つの責任 |
| --- | --- |
| ①安全である権利 | ①批判的な意識をもつ責任 |
| ②選ぶ権利 | ②主張し行動する責任 |
| ③知らされる権利 | ③社会的弱者への配慮をする責任 |
| ④意見が反映される権利 | ④環境への配慮をする責任 |
| ⑤消費者教育を受ける権利 | ⑤連帯・団結する責任 |
| ⑥補償を受ける権利 | |
| ⑦生活の基本的ニーズが満たされる権利 | |
| ⑧健全な環境の中で働き生活する権利 | |

害や児童労働などが行われていることがある．われわれ消費者は，消費者市民社会の担い手として公正で持続可能な社会をめざし，たとえばエシカル消費（15.2.3項参照）を意識し実践するなど消費行動を見直す必要がある．SDGsの目標12「持続可能な生産消費形態を確保する」で示されたように，消費者と事業者がともに社会的責任を自覚していくことが重要となる．

### 14.2.4　消費者への支援

消費者基本法（2004年）は，消費者の利益の擁護及び増進に関する総合的な施策（消費者政策）の推進に関する法律である．消費者保護基本法（1968年）が大幅に改正され，消費者の権利の尊重と自立支援を消費者政策の基本理念として掲げている．消費者政策は，この基本理念を実現すべく，消費者基本法にもとづいて策定される消費者基本計画が基本となる．

2009年には，消費者庁が設置された．それ以前の消費者行政はおもに各省庁がそれぞれの所管の中で実施してきたが，そのような状況が多くの消費者問題を発生させた一因でもあった．現在では，消費者庁が国の消費者行政全般にかかわる司令塔としての役割を担い，情報を一元的に集約している（図14.3参照）．

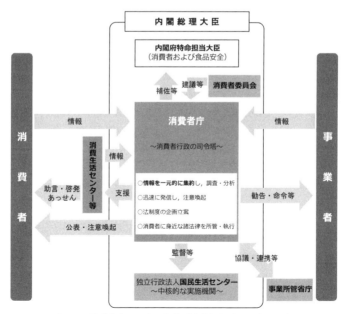

図14.3　消費者庁のおもな仕事（消費者庁（2019b），p.6）

　消費者庁の web サイトには，消費者問題や消費者行政などに関する情報が集約されている．同 web サイト上の「消費者教育ポータルサイト」からは，学校向け教材などが「消費者教育の体系イメージマップ」により検索できる．

　近年では，消費者被害の拡大防止と被害救済のために新たな制度が成立している．消費者団体訴訟制度（2006 年）は，内閣総理大臣が認定した適格消費者団体が消費者に代わって事業者に対して訴訟などをすることができる制度である．

　事業者の中にも，消費者志向経営に取り組むところが増えてきた．日本経済団体連合会（経団連）の企業行動憲章では，コンプライアンス経営が求められており，CSR（企業の社会的責任）が推進されている．

　改正消費者安全法の施行（2016 年）により，高齢者等の消費者被害防止のために消費者安全確保地域協議会を設置できることが規定された．各地域で高齢者などを地域全体で見守るネットワークづくりが始まっている．　　　〔神山久美〕

# 文　　献

経済産業省（2018）「キャッシュレス・ビジョン」https://www.meti.go.jp/press/2018/04/20180411001/20180411001-1.pdf（2020 年 6 月 17 日閲覧）

金融広報中央委員会（2015）「ビギナーズのためのファイナンス入門」（知るぽると，2015（平成 27）年 10 月）https://www.shiruporuto.jp/public/document/container/finance/（2020 年 6 月 17 日閲覧）

日本クレジット協会.「契約当事者の数による分類（2 者間契約と 3 者間契約）」https://www.j-credit.or.jp/customer/basis/classification.html（2020 年 6 月 17 日閲覧）

日本弁護士連合会消費者問題対策委員会（2014）「2014 年破産事件及び個人再生事件記録調査」https://www.nichibenren.or.jp/library/ja/publication/books/data/2014/2014_hasan_kojinsaisei.pdf（2020 年 6 月 17 日閲覧）

政府広報オンライン（2018）「18 歳から“大人”に！　成年年齢引き下げで変わること，変わらないこと.」https://www.gov-online.go.jp/useful/article/201808/2.html（2020 年 6 月 17 日閲覧）

重川純子（2020）『生活経済学』p.146-147，放送大学教育振興会

消費者庁（2019a）『令和元年版　消費者白書』勝美印刷

消費者庁（2019b）パンフレット「安全・安心　豊かに暮らせる社会に」https://www.caa.go.jp/about_us/about/caa_pamphlet/pdf/（2020 年 6 月 17 日閲覧）

# 第15章　ライフスタイルと環境

## 15.1　地球環境の現状と消費生活が環境に及ぼす影響

### 15.1.1　地球環境の現状

　経済や技術の発展などにより，われわれの暮らしは豊かで便利なものとなった．一方で，われわれが豊かに生存し続けるための基盤となる地球環境は限界に達しつつある．とくに深刻な環境問題として，地球温暖化，生物多様性の損失，森林減少・劣化，オゾン層の破壊，海洋汚染，ごみ問題などがあげられるが，それぞれの問題は決して無関係ではない．自然を利用すれば，地球環境に影響が生じる．人間が与える影響よりも自然の回復力のほうが勝っていれば，大きな問題は起こらない．しかし，産業を発達させるために，人々は自然の回復力を考慮せずに資源を利用し，自然を破壊してきた．その結果，水や空気が汚れ，生物の生態系が壊れ，われわれの健康や地球の環境にもマイナスの影響を及ぼしている．

　図 15.1 は，人間が消費する資源を生産したり，社会経済活動から発生する $CO_2$ を吸収したりするのに必要な生態系サービスの需要量を地球の面積で示した「エコロジカル・フットプリント」と生態系サービスの供給量（バイオキャパシティ）を示したものである．2013 年には生態系サービスの需要量が，地球が生産・吸収できるバイオキャパシティの 1.7 倍となり，現代の人々が将来世代の資源を食いつぶしていることが示されている（環境省，2018b）．

　1972 年にスウェーデンのストックホルムで，国連で初めての環境問題に関する国際会議「国連人間環境会議」が開催された．2015 年 9 月の国連サミットでは，2001 年に策定されたミレニアム開発目標（MDGs）の後継として，「持続可能な開発のための 2030 アジェンダ（SDGs）」が採択された．同年 12 月にパリで開かれた「国連気候変動枠組条約締約国会議（通称 COP）」では，「パリ協定」が合意された．パリ協定とは，1997 年に定められた「京都議定書」の後継とな

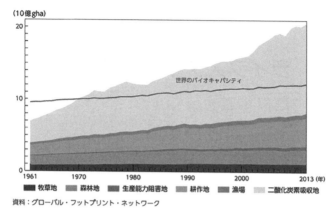

図 15.1　世界のエコロジカル・フットプリントとバイオキャパシティの推移（環境省，2018b）

るものであり，2020 年以降の気候変動問題に関する，国際的な枠組である．地球温暖化対策に先進国，発展途上国を問わず，すべての国が参加し，世界の平均気温の上昇を産業革命前と比較して 2℃未満（努力目標 1.5℃）に抑え，21 世紀後半には温室効果ガスの排出を実質ゼロにすることを目標としている．

図 15.2 は，ストックホルム・レジリエンスセンターが SDGs の 17 の目標を「経済」「社会」「環境」の 3 層に分け，ウエディングケーキに見立てたものである．これは自然が守られてこそ社会が成り立ち，社会が成り立ってこそ経済が成り立つことを表している．持続可能な社会には生産と消費が大きく影響してい

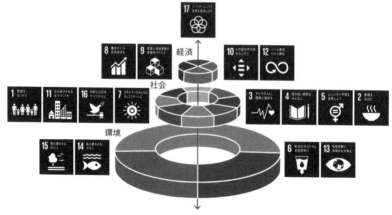

図 15.2　SDGs のウエディングケーキ（Stockholm Resilience Center, Stockholm University）

る．環境を守り続けていくために，環境負荷の少ない持続可能な社会を構築することが必要である．

### 15.1.2 消費生活が環境に及ぼす影響

消費生活が環境に及ぼす影響として，まず，食品ロスの問題が注目されている．日本の年間の食品由来廃棄物等の発生量は図15.3に示した通り，推計2,759万トン，そのうち食品ロスの量は643万トンである．また，その半数以上が家庭内から出ている．農林水産省では，冷蔵庫・家庭内の在庫管理，計画的な買い物，食べ切り，使い切り，期限表示の理解などを食品ロス削減に向けて家庭でできることとしている（農林水産省，2016）．食品ロス削減は，SDGsの12番目の目標，「持続可能な生産消費形態を確保する」の中のターゲット12.3にも「2030年までに小売・消費レベルにおける世界全体の一人当たりの食品廃棄物を半減させ，収穫後損失などの生産・サプライチェーンにおける食料の損失を減少させる」（外務省，2015）と明確に示されている．

さらにプラスチックごみの問題も，環境に関わる消費生活の問題である．図15.4は内閣府（2019）の作成した海のごみの種類の図であり，プラスチックごみのほとんどはポイ捨てや屋外放置により海に流れ出たものであるとされている．

環境省（2018b）は「令和元年版環境白書・循環型社会白書・生物多様性白書」のサブタイトルを，「持続可能な未来のための地域循環共生圏—気候変動影響への適応とプラスチック資源循環の取組—」としており，プラスチック問題を

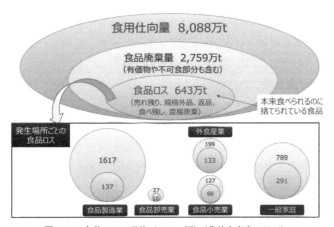

図15.3　食品ロスの現状（フロー図）（農林水産省，2016）

**図 15.4** 海のプラスチックのほとんどは陸から出たもの（内閣府，2019）

大きく取りあげている．適正に処理されずに海にたどり着いた廃プラスチック類が海洋環境を悪化させている状況と，さらには廃プラスチック類が劣化し破砕され，マイクロプラスチックとして広く海に広がり，生態系に悪影響を与えていることを取りあげた．白書は，日ごろのプラスチックとの付き合い方を改めて見直さなければならず，その見直しにあたっては，3R（廃棄物の発生を抑制し省資源化を進めるリデュース（reduce），部品などの再利用をするリユース（reuse），使用した製品を原材料として再資源化するリサイクル（recycle））などこれまで取り組んできたことをさらに強化するだけでなく，ライフスタイルの転換やイノベーションの推進を図ることが肝要としている．

　2018年夏，神奈川県鎌倉市由比ガ浜にクジラの赤ちゃんが打ち上げられ，胃の中からプラスチックごみが発見された．これをうけ，神奈川県では2030年までのできるだけ早期に捨てられるプラスチックごみをゼロにすることをめざして「かながわプラごみゼロ宣言」（神奈川県，2019）を行っており，加盟店ではプラスチックストローやレジ袋の削減に取り組み，消費者にはマイバックやマイ箸の持参やごみの分別を呼びかけている．

### 15.1.3　環境に負荷を与えない持続可能なライフスタイル

　現在われわれのライフスタイルは環境に大きな負荷を与えている．世界の人口は増加の一途をたどっている．2019年現在の77億人から2050年には97億人へと，今後30年間で20億人の増加となる見込みである．地球1個分の暮らしを実現する環境に負荷を与えない持続可能なライフスタイルとして暮らしに求められることは，3Rへの取組みである．

　国際連合広報センターによる冊子「持続可能な社会のために　ナマケモノにもできるアクション・ガイド」(2019) の冒頭に，「変化はあなたから始まるのです．真面目な話．ナマケモノも含めて，地球上の私たち一人ひとりが，一緒になって問題を解決するのです．」とある．食品ロスを削減する，プラスチックストローやレジ袋を断る，生産者のことを考えて商品を購入する，フェアトレード商品を選ぶなど，私たち一人ひとりの行動が持続可能な社会につながることを示唆している．昨今，スマートフォンの発達により SNS やアプリが急速に進化し，一人ひとりの発信力も大きくなってきている．環境によい過去の生活文化を学び，伝承していくと同時に，自ら主体的に関わり行動に移していくことが重要である．

### ▶コラム　フェアトレードの実践

　フェアトレードタウンに全国5都市目に選ばれた札幌市にある「カカオラボ・ホッカイドウ」(図 15.5) は，ビーントゥバー（カカオ豆の選別から商品としてのチョコレートにいたるまで，チョコレートづくりの全工程を1人で一貫して手がけるチョコレート）のお店である．店長の鈴木やすお氏が厳選した材料で作るチョコレートは余計なものがいっさい入っておらず，カカオ70%でも甘くておいしい．カカオ豆の産地は発展途上国が多く，貧しい農家や児童労働などで支えられている実態も少なくない．同店では，適正な価格で買い取って産地に利益を生むフェアトレードを心がけているとのことである．同じ市内にある市立札幌大通高等学校遊語部（ゆうご）では，カカオラボのフェアトレードチョコレートにオリジナルラベルを付け販売を行ったり，校内で養蜂を行っており，蜜蠟ラップも作っている．校内でできたはちみつは，日本はちみつマイスター協会主催の第4回ハニー・オブ・ザ・イヤーで最優秀賞を受賞している．そのはちみつを使ったチョコレートを現在考案中である．(2019 年 10 月筆者取材)

図 15.5　「カカオラボ・ホッカイドウ」の店内（2019 年 10 月筆者撮影）

〔宮川有希〕

## 15.2　持続可能な社会をつくる

### 15.2.1　持続可能な社会とはどのような社会か

　持続可能な社会とは，「地球環境や自然環境が適切に保全され，将来の世代が必要とするものを損なうことなく，現在の世代の要求を満たすような開発が行われている社会」である．持続可能性とは，すでにあるものを維持することではなく，正義，思いやり，誠実，公正，自由といった価値観が守られる社会を構築することでもあり，そのような価値が守られる社会をつくることが求められる．

　序章で述べた通り，SDGs の 5 つの P の 1 つである Planet（地球）は，おもに目標 12（持続可能な生産消費形態を確保する），目標 13（気候変動およびその影響を軽減するための緊急対策を講じる），目標 14（持続可能な開発のために海洋，海洋資源を保全し，持続可能なかたちで利用する），目標 15（陸上生態系の保護，回復および持続可能な利用の推進，森林の持続可能な管理，砂漠化への対処，土地劣化の阻止および逆転，ならびに生物多様性損失の阻止を図る）などの内容を含む（序章参照）．

　また目標 12 の「ターゲット 12.3」は 2030 年までに食料の廃棄を半減させること，「ターゲット 12.8」は持続可能な開発および自然と調和したライフスタイルに関する情報と意識をもつこと，目標 15 の「ターゲット 15.2」は 2020 年までにあらゆる種類の森林の持続可能な経営の実施を促進し，森林減少を阻止し，劣化した森林を回復し，世界全体で新規植林および再植林を大幅に増加させることとしている．

　われわれは，異常気象の影響が，単に天候の問題だけでなく将来の飢えにつながる危機感を共有し，将来世代に思いやりをもって，温室効果ガスを減らすライフスタイルに転換しなければならない．

　環境省（2018a）では，「第五次環境基本計画」を発表し，図 15.6 のように食品ロスの削減，低炭素で健康な住まい，徒歩・自転車移動，テレワークなど，ライフスタイルの転換について提案している．

　身近なところでの具体的行動としては，節電，節水，生ごみの水切りや，買いすぎない，余計なサービスは断る，過剰包装の商品は購入しない，分別しやすい商品を選ぶなど買い物の際に環境への配慮を行うことである．さらに，環境への配慮の購買行動として，エコラベルなどの認証ラベル・マーク（その商品が，第

**（1）環境にやさしく健康で質の高い生活への転換**

**○持続可能なライフスタイルと消費への転換**
・人・社会・環境に配慮した消費行動の促進　等

**○食品ロスの削減**
・食品ロス削減に関する目標の設定、
　食品ロスの発生量の把握等の推進　等

**○低炭素で健康な住まい**
・ＺＥＨの普及の推進、高齢者向け
　住宅等の高断熱・高気密化の推進　等

ゼロ・エネルギーハウス
（環境省ＨＰより）

**○徒歩・自転車移動等による健康寿命の延伸**
・温室効果ガスの削減、健康増進や混雑緩和への貢献　等

**○テレワークなど働き方改革等の推進**
・通勤交通に伴うＣＯ２排出や紙の使用量の削減、
　環境面における効果の「見える化」　等

図 15.6　「第五次環境基本計画」重点戦略④ のライフスタイルのイノベーション（環境省，2018a）

エコマーク　　　　FSC 認証マーク　　カーボンフットプリントマーク　　バイオマスマーク　　海のエコラベル

国際フェアトレード　　　　　　フェアトレード　　　　　　　レインフォレスト・
認証ラベル　　　　　　　団体（FTO）ラベル　　　アライアンス認証マーク

このマークのついた
製品を買うことで、
持続可能な農業や林
業を応援できる.

ひとが手を挙げている図柄. これは，途上国で日々，前向きに取り組む生産者の人たちの決意と，
フェアトレードを求める世界中の消費者の熱望とが繋がり，前進していくポジティブな姿を表し
ている. 未来への可能性を青空（右）で，そして成長や広がりを緑（左）で表現している.

図 15.7　認証ラベル・マークの例

表 15.1　FLO の国際フェアトレード基準の原則（フェアトレードジャパン）

| 経済的基準 | 社会的基準 | 環境的基準 |
|---|---|---|
| ・フェアトレード最低価格の保証<br>・フェアトレード・プレミアムの支払い<br>・長期的な安定した取引<br>・前払い | ・安全な労働環境<br>・民主的な運営<br>・労働者の人権<br>・地域の社会発展プロジェクト<br>・児童労働・強制労働の禁止 | ・農業・薬品の使用に関する規定<br>・土壌・水源の管理<br>・環境にやさしい農業<br>・有機栽培の奨励<br>・遺伝子組み換え（GMO）の禁止 |

三者機関によって一定の基準を満たしていると認証されていることを示す）がつ
いている商品を選ぶこともあげられる. 図 15.7 のマークがついた商品は，調
達・生産加工・流通の過程で持続可能な社会に配慮されている.

近年日本でも広がりつつあるフェアトレードは，対話，透明性，敬意を基盤と

し，より公平な条件下で国際貿易をめざすパートナーシップで，直訳すると「公平・公正な貿易」である．つまり開発途上国の原料や製品を適正な価格で継続的に購入することにより，立場の弱い開発途上国の生産者や労働者の生活改善と自立をめざす「貿易のしくみ」をいう．

FLO 国際フェアトレード基準の原則を表 15.1 に示す．最大の特徴は，持続可能な生産と生活を支える「フェアトレード最低価格」と生産地域の社会発展のための資金「フェアトレード・プレミアム」を生産者に保証している点である．

▶**コラム　商品ラベルの 4 つの波**

認証ラベルの認知が広がると，ラベルつきの商品や団体が価値をもつ一方で，認証団体や中間業者に支払う費用が収益を圧縮し，生産者に届く額が最低価格を下回る事態も生じる．そのため，小規模の生産者や団体の中には認証を受けずに公正な貿易・取引を行っているところもある．このような現状の正しい理解が求められる．

商品ラベルについては，佐藤（2011，p.251）はクーテ（1996）に従って 4 つの波があるとしている．第 1 波は JIS マークなど消費者の安全を保証し，第 2 波はグリーンマークなどその製品が環境に悪影響を与えないことを示し，第 3 波は製品の製造過程で森林破壊や環境汚染をしていないもの（レインフォレスト・アライアンスなど），第 4 波はフェアトレードラベルのようにバリューチェーン（どの工程でどのような価値が増えたかをみるもの．一般には，原料調達から生産加工工程についてみることが多い）を「生産者の生活状況」にまでさかのぼるものである．

## 15.2.2　消費者市民社会における消費者の役割

消費者教育の推進に関する法律が 2012 年に制定された．この法律において，消費者は，消費生活に関する知識を修得し，これを適切な行動に結びつけることができる実践的な能力を育み，公正で持続可能な消費者市民社会の形成に参画することをめざすとされている．消費生活に関するさまざまな問題が解決できる知識や素養を身につけ，日常生活のあらゆる場面で「公正」「地球環境への配慮」「社会や経済の持続可能性」の発想に立って，意思決定し行動するためには，法的かつ道徳的・倫理的なものの見方，考え方が重要となる．

『平成 20 年版国民生活白書』（内閣府，2009，pp.3-4）においては，消費者市民社会が消費者に期待する行動を 2 つあげている．1 つは，経済主体としての消費者の役割で，食品の安全や環境への配慮，法令遵守などの企業の社会的責任に

対し，監視を伴った選択をする「消費者市場行動」をとることである．もう1つは，社会変革の主体としての消費者の役割で，安全・安心な商品，省エネ商品の購入やフェアトレード品の購入などの「社会的価値行動」，すなわち，共生，利他主義，互恵主義という言葉に代表されるような，国，世界，地球レベルの問題に協力して対処しようとする考え方を伴った消費行動をとることである．消費者市民社会の構築をめざす持続可能な消費のあり方の1つにエシカル消費（ethical consumption）がある．途上国と先進国の「不平等」，環境問題，食の安全，労働者の人権，原料から市場までの過程の健全性などに配慮できる消費者の消費行動の社会的役割は大きい．

### 15.2.3 消費者市民社会における企業と行政の役割

持続可能な社会の構築のためには，消費者の「エシカルな消費行動」とともに，事業者・企業の「環境保護・人権保護などの社会的責任」と行政の「住民への周知・地域の社会的課題の解決」などの積極的な取組みが不可欠である．消費者庁では，倫理的消費（エシカル消費）[1]に取り組む必要性を，事業者の視点からは「企業市民」「企業の社会的責任」の重要性を認識すること，行政の視点からは「人権や環境に配慮したまちづくり」「地産地消」「消費者教育などの取組」をあげている（消費者庁，2017，pp.9-11）．企業には，供給工程（サプライチェーン）の透明性を向上させ，環境や人権，社会に責任ある生産が求められている．ESG（環境・社会・ガバナンス）投資の重みが増してきた今，SRI（社会的責任投資）を果たしながら企業活動しているかということが問われる時代になった．企業経営においても「サスティナビリティ」という概念が普及し，環境や社会を意識した経営戦略は企業利益や企業価値向上につながっている．

行政も持続可能な社会の構築のための取組みを進めている．たとえば，日本経済新聞が2018年に行った「全国市区・サステナブル度・SDGs先進度調査」で全国1位になった京都市では（京都市情報館，2019），総エネルギー消費量の削減やごみ量の大幅な削減などの取組みを進めている（コラム参照）．

消費者教育推進法や食品ロス削減推進法は，国，地方公共団体等の責務や役割を明らかにしている．制度設計を国が行うことの意義は大きい．公正で持続可能な消費者市民社会の実現をめざすために，企業や行政の役割は今後ますます重要になる．

## ▶コラム　京都市の食品ロスに対する取組み

　全国市区の中で「SDGs 先進度」1 位の京都市では，食品ロスへの取組みを広く発信している（図 15.8）．平成 26 年から「食べ残しゼロ推進店舗」の認定制度を実施し，平成 30 年より，店頭に並んだ食品の「食べ残しゼロ」をめざし，食品小売店舗版の認定制度を新たに創設した．その他「生ごみ 3 キリ運動」[2] や DO YOU KYOTO?[3] の取組みがある．

| | 飲食店・宿泊施設版 | 食品小売店版 |
|---|---|---|
| 対象事業者 | 飲食店・宿泊施設 | 食品を取り扱う小売店 |
| 取組内容 | 「生ごみ 3 キリ運動」（食材の使いキリ，食べキリ，生ごみの水キリ）に関する取組の推進など | 食品ロス（手つかず食品や食べ残し）の発生抑制に関する取組の推進など |
| 認定ステッカーデザイン | 京都市 食べ残し ゼロ 推進店舗 | 京都市 食べ残し ゼロ 推進店舗 |

（上）京都市食べ残しゼロ推進
　　　店舗ステッカー
（下左）生ごみ 3 キリ運動
（下右）京都市の環境マスコット
　　　「エコちゃん」

**図 15.8**　京都市の食品ロスに関連するロゴマーク（京都市食品ロスゼロプロジェクト web サイト）

〔大本久美子〕

## 注

1) 　エシカル消費とは，消費者それぞれが各自にとっての社会的課題の解決を考慮したり，そうした課題に取り組む事業者を応援しながら消費活動を行うことである．
2) 　生ごみ 3 キリ運動：「家庭から出るごみの約 4 割を占める生ごみの減量を進めるために食材を使いきる「使いキリ」，食べ残しをしない「食べキリ」，ごみとして出す前に水を切る「水キリ」の 3 つのキリの取組みを推進している．
3) 　DO YOU KYOTO?：環境にいいことしていますか？という意味の合言葉（京都市環境政策局）．京都議定書が発効された 2005（平成 17）年 2 月 16 日を記念し，毎月 16 日を環境によいことをする日と定め，市民や事業者とともに実践している．

## 文　　献

クーテ，B.著，三輪昌男訳（1996）『貿易の罠』pp.339-345，家の光協会［原書 1992］
フェアトレードジャパン．http://www.fairtrade-jp.org/about_fairtrade/000015.html（2019

年 9 月 9 日閲覧）

外務省（2015）「我々の世界を変革する：持続可能な開発のための 2030 アジェンダ」（外務省
　　仮訳）https://www.mofa.go.jp/mofaj/files/000101402.pdf（2019 年 8 月 23 日閲覧）

外務省．JAPAN SDGs Action Platform. https://www.mofa.go.jp/mofaj/gaiko/oda/sdgs/
　　case/org1.html（2019 年 9 月 9 日閲覧）

神奈川県（2019）「かながわプラごみゼロ宣言―クジラからのメッセージ―」http://www.
　　pref.kanagawa.jp/docs/p3k/sdgs/index.html（2019 年 8 月 23 日閲覧）

環境省（2015）「パリ協定の概要（仮訳）」http://www.env.go.jp/earth/ondanka/cop21_
　　paris/paris_conv-a.pdf（2019 年 9 月 6 日閲覧）

環境省（2018a）「第五次環境基本計画の概要」https://www.env.go.jp/press/files/jp/
　　108981.pdf（2019 年 9 月 6 日閲覧）

環境省（2018b）「平成 30 年版環境白書・循環型社会白書・生物多様性白書」http://www.env.
　　go.jp/policy/hakusyo/h30/html/hj18010301.html（2019 年 9 月 6 日閲覧）

環境省（2019）「令和元年版環境白書・循環型社会白書・生物多様性白書」

国際連合広報センター．「持続可能な社会のために　ナマケモノにもできるアクション・ガイ
　　ド」https://www.unic.or.jp/files/sdgs_201901.pdf（2019 年 8 月 23 日閲覧）

京都市情報館（2019）「全国市区・サステナブル度・SDGs 先進度調査」で京都市が首位に選
　　ばれました.」https://www.city.kyoto.lg.jp/sogo/page/0000246584.html（2020 年 4 月 17 日
　　閲覧）

京都市環境政策局．「DO YOU KYOTO？環境にいいことしていますか？」doyou-kyoto.
　　com/project/index.html（2020 年 4 月 17 日閲覧）

京都市食品ロスゼロプロジェクト．sukkiri-kyoto.com（2020 年 4 月 17 日閲覧）

内閣府（2009）『平成 20 年版国民生活白書　消費者市民社会への展望―ゆとりと成熟した社会
　　構築に向けて―』社団法人時事画報社

内閣府（2019）「海のプラスチックごみを減らしきれいな海と生き物を守る！」https://www.
　　gov-online.go.jp/useful/article/201905/1.html

農林水産省（2016）「食べものにもったいないをもういちど」http://www.maff.go.jp/j/
　　shokusan/recycle/syoku_loss/attach/pdf/161227_4-114.pdf#

佐藤　寛編（2011）『フェアトレードを学ぶ人のために』世界思想社

消費者庁（2017）「『倫理的消費』調査研究会取りまとめ」https://www.caa.go.jp/policies/pol-
　　icy/consumer_education/consumer_education/ethical_study_group/pdf/region_index13_
　　170419_0002.pdf

Stockholm Resilience Centre（2016）https://www.stockholmresilience.org/research/
　　research-news/2016-06-14-how-food-connects-all-the-sdgs.html

# 第16章　持続可能な社会の生活設計

## 16.1　ライフコースの多様化と生活リスクの複線化

### 16.1.1　ライフコースの個人化とそのリスク

#### a.　標準的なライフコースを基盤とした安定的な生活

　わが国には，高度経済成長期に誕生した「夫は仕事，妻は家事・子育てを行って豊かな家族生活をめざす」という標準家族モデル（山田，2005）をもとにしたライフコースがあり，かつて多くの人がこれを標準的と考えていた．この標準的なライフコースでは，人は 20 代の半ばくらいに必ず結婚し，結婚後に子どもをもち，結婚相手と生涯人生をともにし，子どもが成長して巣立った後は夫婦 2 人でゆったりとした人生を送ると考えられていた．

　標準的とされるライフコースを送る人々は，家庭内の性別役割分業体制と企業を通じた生活保障によって継続的に安定的な生活を送ることができた．男性は家庭で唯一の稼ぎ手と見なされ，企業に正社員として定年まで雇用され，年齢とともに上昇する賃金（年功序列賃金体系）によって，妻や子を養うことができた．企業のバックアップは退職金と優遇された年金の支給というかたちで定年後も継続し，長年会社に仕えた夫とその夫を支えてきた妻の 2 人が老後生活を安心して送れるだけの経済的基盤となってきた．高度経済成長期から 1990 年代前半まで，現実には共働きによって家計が維持される世帯の増加傾向が認められつつも，標準的とされるライフコースはわが国の社会保障整備の基本単位と見なされ，盤石なセーフティネットを有する生き方であった．

#### b.　多様なライフコースの出現

　1980 年代に入り，女性の高学歴化や男女雇用機会均等法（1986 年施行）の制定などを背景として男女の職業領域における機会の平等化が志向されるようになると，職業キャリアに対する女性の関心が高まり，女性が結婚を機に仕事を辞め

ることは必ずしも標準ではなくなった．働きながら母親の役割を担う女性，子どもをもたずにあるいは独身のままで仕事をする女性たち，男性と同じようにキャリアを追求したいと考える女性たちも増え，女性のライフコースは多様化しつつあると社会が考えるようになった．

このような変化は，個人の役割経歴を自らが主体的に検討・選択する「ライフコースの個人化」が進行した現象ととらえられる．結婚するかどうか，結婚時期，産むか産まないか，離婚するかどうか，といった家族形成・家族の存続に関する意思決定や，どのような職業キャリアを歩むのかといった選択が個人に委ねられるようになり，人々の生き方の選択肢が広がったのである．

### c. 家族と雇用からの排除と生活リスクの広がり

時代が進み，わが国はバブル経済崩壊後の 1990 年代初めを境に長期不況の時代に入る．経済のグローバル化も進み，企業は厳しい経営環境に対応しなければならず，これまでのように社員とその家族を守るだけの力を維持することが難しくなってしまった．おおむね 1993〜2004 年にみられた「就職氷河期」には，企業は業績の悪化や将来の経営体制の強化に対応するため，大幅に新卒の正社員採用を控えた．その結果，稼ぎ手の役割を期待される男性の中に，非正規雇用者が多く生まれ，家族を扶養できない男性が出現することになった．

正社員として企業に雇用されず生活保障をもたない男性の増加は未婚化や晩婚化が進展する一因となり，家族からも雇用からも排除されてしまう複線的なリスクを抱える人々を生み出すことになった．女性においても，男性の経済力に依存する旧来の標準的とされるライフコースを想定することは，自分自身の経済的自立の道を妨げ，経済的に不安定な状態にとどまってしまうリスクを抱える可能性が高まっている．

以上のように，日本社会の生活保障の担い手であった家族と企業は，経済環境の悪化とグローバル化によって人々を支える力を失いつつある．それと同時期に進展したライフコースの多様化・個人化は，人々に個人の意思が尊重される生き方を示してくれはしたものの，自分の選択はあくまでも自己責任として個人がそのベネフィットもリスクも受け入れなくてはならず，生活リスクに晒される個人を生み出すことになった．

## 16.1.2 人生 100 年時代のライフコースをどう考えるか

2017 年時点で日本人男女の平均寿命は 80 歳を超え，今後もさらなる長寿命化

が予想されている．過去に多くの人が歩んだ生き方は，長寿化，グローバル化，技術革新が進む世の中ではモデルにならず，われわれはリスクを個人で引き受けながら，自分のライフコースについて多くの意思決定をしていかなくてはならない．ライフコースには多様な生活領域やライフイベントが含まれ，どのような生活領域におけるライフイベントを，いつ，どのくらいの期間，誰と，どのように実現していくのかを考える必要がある．同時に，グローバル化が進行する時代では，日本だけではなく世界のどこに自分の生活の拠点を置くのかも選択肢になるだろう．さらにそのような人生の選択には，急速に進展する情報通信技術・人工知能・ロボットなどの技術も関わってくると考えられる．

『100 年時代の人生戦略』を記したグラットン・スコット（2016）も，人生 100 年時代に対応するための最善の方法はまだ見出せておらず，若い人ほど，実験を行いながら新しい生き方をめざす可能性が大きくなると予想する．

　考えるべき事柄が多く選択肢が広がるほど，どのように生きていくべきか途方に暮れてしまうこともあるだろう．しかし，だからこそ，自分自身の将来や実現したい夢を主体的に考え，次節で示す「生活設計」という考え方や技術を用いて，自律的な人生の見取り図を描く必要がある．

## 16.2　キャリアデザイン・生活資源と生活リスクのマネジメント

### 16.2.1　生活設計とキャリアデザイン

#### a.　生活設計という考え方

　生活設計とは自分たちの将来を予測し，その生活課題を知り，自分らしい生き方について考え，そのためにしなければならないことを確認し，実行計画をたて，一歩を踏み出すことである（松村，1991）．藤田（2001）によれば，かつて生活設計は家族を単位とした将来の経済準備とほぼ同義であったが，社会や生活環境の変化とともに発展し，現在では，①「ライフデザイン」，②「生活資源」，③「生活リスク」，の 3 領域をマネジメントするものとして整理されている．

　「ライフデザイン」は将来どういった生活を送りたいかという夢や目標を描いたり，ライフコースの選択を考えたりする領域である．これは，さらに生活領域とライフイベントに分類される．生活領域には，家庭，学校，仕事，地域，趣味などが，ライフイベントには，就職，転職，結婚，離婚，出産などが含まれる．「生活資源」は，時間，お金，能力，人的ネットワークなどの総称で，それらの

生活資源の交換・形成によってライフデザインを実行できる土台になるようマネジメントしなくてはならない．「生活リスク」には疾病，収入減少，失業，介護などが含まれる．生活リスクには，ライフデザインや生活資源と関連させながら，現状のリスクを確認，評価，処理を行うという一連のマネジメントが求められる．そして，このような3領域を含む生活設計は，家族単位のみならず，個人単位でも検討する必要がある．

### b.　ライフデザインとキャリアデザイン

生活設計の1領域にあたる「ライフデザイン」は「キャリアデザイン」と密接に関わる．ライフデザインは就職，結婚・出産などのライフイベントをいつどのように迎えるかなどについて，自分自身の希望や夢を具体的に描く作業である．キャリアデザインについても，これまでは，職業人生の設計ととらえられてきたが，近年では，キャリアは個人の人生と深く関わる「人の生き方そのもの」へと拡大している（青島，2007）．

そして，キャリアは，社会人になると同時にその全貌を決めるべきものとも考えられていない．金井（2002）は，長期間にわたるキャリアのすべてを一時点で計画することは不可能であり，キャリアに対する方向感覚をもちながら，主体的に節目（移行期）をデザインすべきという考え方を示す．心理学者のクランボルツ・レヴィン（2004）も，自分が心理学者になったのは学生時代に没頭していたテニスのコーチが心理学の先生であったからだというエピソードを紹介し，「プランド・ハプスタンス・セオリー（計画された偶発性理論）」の中で，キャリアはただ一つの道を決めるのではなく，積極的にチャンスを探しながら，オープンマインドでいることが重要と述べる．

## 16.2.2　持続的な生活設計はどうつくればよいのか

生活設計についても，3つの領域を同時にすみずみまで完全に行う必要はなく，設計者のその時々の関心のある領域から始め，次第に，別の領域との関連づけを行えばよい（藤田，2001）．まだ若く就職や結婚などのライフイベントを経験していない場合には，ぼんやりとした将来を描くことになるかもしれないし，蓄積できている生活資源も少ないかもしれない．しかし，まずは，現時点で自分が歩んでみたいと思うライフコースを描き，ライフイベントをいつ達成したいか，時期を考えてみる．そのうえで，イベントを実現するためにどのような・どの程度の生活資源が必要になるかを検討し，不足があるならば長期的な視点も含

めて獲得・蓄積するという視点を入れる．同時に，リスクについても，自分が希望するライフデザインや生活資源の形成・蓄積の観点から予想されるリスクを検討する（表 16.1）．

　生活設計は，自分自身のライフデザインを実現するための見取り図になるものだが，見取り図に沿って行動したとしても，自分の目標や夢が必ず実現するとは

**表 16.1**　生活設計を考えてみよう

| | ライフデザイン | 生活資源 | 生活リスク | 目標の達成方法 |
|---|---|---|---|---|
| | どのような夢や目標を達成したいか | そのために必要なものは何か | ライフデザインや生活資源に負の影響を与えそうな事柄 | 生活資源や生活リスクをどのように形成・マネジメントするか |
| 学校卒業〜30 歳くらいまで | | | | |
| 30 歳代 | | | | |
| 40 歳代 | | | | |
| 50 歳代 | | | | |
| 60 歳代 | | | | |
| 70 歳代 | | | | |
| 80 歳代以上 | | | | |

限らない．むしろ，環境変化が早く，近未来を予想することが難しい現代では，設計通りに人生が進むと考えるほうに無理がある．では，上手くいかなかった設計図に意味はないのだろうか，そうではない．持続可能社会における生活設計は，ある時期に一度つくった設計を完成形と考えるのではなく，ライフデザイン・生活資源・生活リスクとその関係性を常に見直して，刷新し続けるべきものだからだ．そして，その見直しの過程こそが自分自身の人生を振り返り，深く考える機会となり，自律的な個人を形成してくれるのである．

　経済環境の大きな変化，情報技術の急速な進歩やグローバル化が加速し不確実性の高い社会に生きざるをえない時代にあっては，他人に人生の目標や歩み方を任せたり，状況に流されるだけのライフコースを歩んだりすることはきわめて高いリスクを伴うことになる．決定の主体者は自分自身であると自覚し，自律的なライフコースを歩むための生活設計を行う姿勢が求められる．　　　　〔**大風　薫**〕

## 16.3　人生100年時代の生活設計

### 16.3.1　生活資源における「無形資産」の大きな役割

　16.1節で述べたように，人生100年時代を迎え，過去に多くの人が歩んだ生き方はあまりモデルにならない．グラットン・スコット（2016）は，人生を「教育→仕事→引退」の3つのステージに分けるという20世紀に定着した考え方は成り立たなくなると主張している．寿命が延びることで老後資金の確保のための「仕事」のステージが長期化し，金銭以外の重要な要素がなおざりになり過酷で退屈な状況を招くだけでなく，環境変化に応じたキャリアや知識習得のための教育の対応などが必要になるからである．

　代わって登場する，生涯に複数のキャリアをもつマルチステージの人生では，新しい人生の節目と転機が出現し，どのステージをどの順番で経験するかという選択肢が大きく広がり，選択肢をもっておくことの価値が増すと指摘する．そのためにも「生産性資産（スキルと知識など）」「活力資産（健康，友人関係，パートナーやその他の家族との良好な関係など）」「変身資産（自分についてよく知っていること，多様性に富んだ人的ネットワークをもっていること，新しい経験に対して開かれた姿勢をもっていることなど）」の3つの無形資産が，人生のあらゆる側面できわめて大きな役割を果たすという．

　グラットンらの「無形資産」は，湯浅（2008）が貧困の状態を"溜め"がない

状態とし，"溜め"は金銭に限定されず，有形・無形のさまざまなものに"溜め"の機能を見出したことを想起させる．すなわち，「頼れる家族・親族・友人がいるということは，人間関係の"溜め"」であり，「自分に自信がある，何かをできると思える，自分を大切にできるというのは，精神的な"溜め"」であるととらえた点である．

　これらは，生活経営学において従来から「生活資源」として体系的に位置づけられてきたものであり，前節でも生活設計の 3 領域の一つを成している．しかし，一般の生活設計においては，ともすれば金銭管理と資産形成に重きが置かれたプランづくりが中心となりがちであった点は留意したい．

### 16.3.2　長寿社会の生活設計と地域コミュニティ

　長寿社会を生きるためには，生活ニーズに長期的な見通しをもった生活設計とそれを可能にする地域コミュニティや社会のしくみづくりが求められる．近年の日本家政学会生活経営学部会夏期セミナーのテーマは，「長寿社会における地域コミュニティと生活経営」(2018 年)，「人生 100 年時代のコミュニティの創造」(2019 年) であった．そこでは，自立期間・健康寿命の延長，住み慣れた場所で日常生活の継続を支える生活環境の整備，社会の中に人とのつながりをつくり維持するようなしくみをめざす「長寿社会のまちづくり」(秋山，2019) が取りあげられた．セカンドライフの就労事業やコミュニティがイノベーションの場となるリビングラボの共創など多様な試みが提示された．また，「那須 100 年コミュニティ構想の実践と課題」(近山，2019) では，自己意思と選択にシフトし，多世代交流を基本として社会と関わり続けられる暮らしを支え合うコミュニティおよび自立と共生が可能な参加型のしくみづくりが示された．生活者のニーズと生活設計に徹底してこだわる「ニーズ戦略」の先駆的事例であり，困りごとを助け合いの仕事にかえ，ワーカーズ・コレクティブを設立し，看取りも含め地域や住民のニーズにあわせ丁寧に生活設計相談に応じている．地域プロデューサーを要請し対話を続けるコミュニティでは，「ニーズは成長する」ことも示唆された(上村，2019)．

## 16.4　持続可能社会の生活設計に向けて

　生活設計は，16.2 節において，①「ライフデザイン」，②「生活資源」，③

「生活リスク」の3領域をマネジメントするものとして整理したが，その際重要なのは，本書の序章で示した生活経営に求められる視点と，生活の枠組み（第1章）でとらえることである．以下に，生活経営の視点でどのようにアプローチできるか，本書を振り返りながら検討したい．

### 16.4.1 生活の外部的条件と内部的条件

1つ目は，生活の外部的条件と内部的条件を有機的に結びつける視点である．現代生活は生活の内部的条件と外部的条件に規定されており（第1章），そこでの生活資源は家族内部資源と家族外部資源に分けることができる（第2章）．個人や家族の生活は単独で成り立つわけではなく，地域コミュニティや職場環境と深く結びついており，生活組織の内外の資源をどのように調整するのか（第8章）が問われてくる．

生活リスクには，個人，家族，地域，社会それぞれのリスクがあり，その対応は，内部的条件—個人や家族の中で準備できるもの，外部的条件—①地域の資源を活用するもの，②公的支援を活用するもの，などがある．金銭や時間の不足，情報不足，知識や技能の欠如など何かしらの資源の不足が原因の場合，個人的に解決するための方法だけでなく，社会的な対策を検討する必要がある（第8章）．現代生活の大きな特色は，生活形成が内部的条件より外部的条件に規定される傾向が強まっている（第1章）ため，生活主体の側から外部的条件に働きかけ，社会の制度やしくみをつくりかえていくことが不可欠である．また，生活の外部的条件と内部的条件の結びつきには，生活資源を取り込むだけでなく，生活資源を提供する主体となる側面も有している．

前述の“溜め”を失った社会が，“溜め”のない個人をつくり，「社会的・経済的・政治的“溜め”が増えない限り，個人の“溜め”だけが増える，ということは想定できない」（湯浅，2010）．「多様な主体の協働による生活の協働」を通した地域の取組みは，地域社会を支える基盤（第5章）の一つに位置づけられる．

### 16.4.2 持続可能性のある生活像

2つ目は，生活設計に持続可能性のある生活像の視点を組み込むことである．生活資源の一部を保有からシェア（第10章）に替えたり，環境への負荷を軽減するライフスタイル（第15章）などの選択肢も考えられる．しかし，SDGsが示すように，持続可能性は自然環境の保全に関わるものにとどまらない．多岐に

**図 16.1**　SDGs の 5 つの P（国際連合広報センター，2016）

わたる内容をもち，貧困，ジェンダー平等，働き方，住み続けられるまちづくり
など 17 の目標は相互に関連，影響を及ぼし合っている．包括的なとらえ方に本
質があると考えられ，序章で述べた 5 つの P は図 16.1 のように示される．これ
からの生活経営は，「人々の尊厳，人間らしい働き方，限りある資源の有効活用，
平和と公正な社会の実現など，グローバルな連帯の精神にもとづいて持続可能な
社会の実現をめざす」（序章）ことが求められる．

　人間らしい生活を営み，それが持続可能であるためには，収入を得ることだけ
でなく，コミュニティの一員として承認され，安心できる居場所があり，自分自
身と他者のためによりよい社会環境を創造する営みにしていける（第 13 章）こ
とが必要である．生活経営は，めざすところを意識しながら生活資源を利用して
行われる活動である（第 9 章）が，多様な選択が可能となるような資源が準備さ
れていることが条件であり，ニーズに合った生活資源を個人や家族内部だけでな
く，社会的に準備していくことも生活設計に含まれる．生活資源を内部に取り込
むだけでなく，外部に提供したり，多様な供給主体からサービスを選択できるし
くみを考えていくなど，さまざまな方法が考えられる．

　これらのプロセスに関わるには，時間という資源も重要になる．先のグラット
ンらの「無形資産」の充実方法においても，労働時間を減らし余暇時間を生み出
すことや，レクリエーション（娯楽）だけでなく，自己のリ・クリエーション
（再創造）に時間を使うことが必要とされている．時間という資源の確保には，
安定した生活を営むために必要な時間の確保ができない「時間貧困」（第 7 章）

の改善はもとより，ジェンダー平等やワークライフバランス，男性の働き方を含めた社会環境の是正なども関わる．生活設計において持続可能な生活像を意識することで，単にモノやお金があるだけでなく，教育や医療，保健サービスなど「潜在能力」が生かされるような制度やしくみ（第9章）を検討するなど，生活世界を社会に広げるプロセスも期待される．

### 16.4.3　多様性の尊重

　3つ目は，多様性の尊重の視点である．人々のライフコースが多様化し，従来の規範的家族の枠組みから外れる家族も増えている．生活設計では，あるべき家族像や生活形態を追究することよりも，一人ひとりが自分らしく生きることができる生活のあり方（序章）を考えたい．

　家族形態が多様化する一方で，社会保障や税制度は，典型モデルで示されるような標準家族をベースに展開されてきた．その結果，典型モデルに合わない多様なライフコースが自己責任化され，多様な家族や個人はライフコースのどこかで排除される可能性がある（天野，2016）．世帯構造，婚姻形態，パートナーシップ，血縁に限らない親子関係などの変化の下で，これまで生活を支えてきた前提条件の見直しが不可欠である．従来の家族的機能を代替する新たな生活組織も形成され始めており，LGBTなどの人々のパートナー関係，コレクティブハウジングなどにみられる緩やかな支え合い関係（第3章）はその例といえる．

　個々の多様な生き方を支えるための社会的基盤が十分とはいえない中で，新たな生活のしくみをつくっていくことも生活設計の要素となるであろう．

〔天野晴子〕

## 文　　献

秋山弘子（2019）「長寿社会に生きる─課題と可能性」『生活経営学研究』No.54，3-10

天野晴子（2016）「家族形態の多様化と生活設計」『季刊　個人金融』11（2），47-54

青島祐子（2007）『新版　女性のキャリアデザイン─働き方・生き方の選択』学文社

近山恵子（2019）「那須100年コミュニティ構想の実践と課題─地域の事例から長寿社会の生活設計のあり方を考える」『生活経営学研究』No.54，11-15

藤田由紀子（2001）「リスクと生活設計」御船美智子・上村協子共編著『現代社会の生活経営』pp.49-61，光生館

グラットン，L.・スコット，A. 著，池村千秋訳（2016）『LIFE SHIFT―100 年時代の人生戦略―』東洋経済新報社

金井壽宏（2002）『働くひとのためのキャリア・デザイン』PHP 研究所

国際連合広報センター（2016）「我々の世界を変革する：持続可能な開発のための 2030 アジェンダ」https://www.unic.or.jp/activities/economic_social_development/sustainable_development/2030agenda/（2019 年 11 月 10 日閲覧）

クランボルツ，J. D.・レヴィン，A. S. 著，花田光世・大木紀子・宮地夕紀子訳（2005）『その幸運は偶然ではないんです！―夢の仕事をつかむ心の練習問題―』ダイヤモンド社［原書 2004］

松村祥子（1991）「高齢化時代と生活設計」酒井豊子編著『家政原論』pp.58-67，放送大学教育振興会

上村協子（2019）「特集に寄せて」『生活経営学研究』No.54，1

山田昌弘（2005）『迷走する家族』有斐閣

湯浅　誠（2008）『反貧困―すべり台社会からの脱出』岩波書店

湯浅　誠（2010）『脱「貧困」への政治』岩波書店

# おわりに

　2020年の年初から新型コロナウイルス感染症が世界各地に拡大し，世界の感染者数は7月10日時点で1200万人を超え，死亡者数は55万人にのぼる．猛威をふるうウイルスから命を守るために，日本では「三密（密閉空間，密集場所，密接場面）」を避けることが求められ，家庭や学校，職場などあらゆる生活場面で，これまでとは異なる行動様式が模索されている．

　地球規模で人やモノが移動する中で，感染症も地球規模で広がった．感染症収束のためには，国や地域を超えた協同的な取組みが必要となる．一方，感染拡大収束のための移動の制限は，原材料調達の困難，農作物や製品，サービスの消費縮減，仕事の喪失など，国，地域社会，そして各個人の経済の「持続可能性」に深刻な影響を及ぼし，貧困のリスクや貧困の度合いを高めることにつながる．命を守るための社会のしくみ，暮らしを守るための生活保障のあり方にも課題を投げかけている．

　コロナ危機がある程度収束した後にも，このウイルスへの対応が必要とされているのだろうか．うがい，手洗い，マスク着用の習慣だけでなく，感染拡大防止の中で生み出された，働き方，学び方，買い物の仕方，人とのつながり方など，私たちの行動や生活の価値の置き方はどのように変化しているのだろうか．

　本書は，新型コロナウイルス感染症問題発覚前におおよその原稿が完成し，感染拡大のさなかに刊行作業が進められた．コロナ収束後の社会の変化に内容が対応できるのかを点検したが，現時点では大きな変更は行わなかった．なぜなら，本書の編集に際しては，いつの時代にも我々はさまざまなリスクに晒されながら生きていること，そのリスクに対する保障が提供されることで生活の持続可能性が実現できること，そして，その前提条件が，地球環境全体の持続可能性であることを基本としたからである．しかし，まだまだコロナ収束後の世界は予測の域を出ない．今後も生活の営みに注視していきたい．

　2020年8月

50周年記念出版編集委員会

# 索　引

**持続可能な社会をつくる生活経営学**　　　定価はカバーに表示

| | |
|---|---|
| 2020 年 9 月 1 日 | 初版第 1 刷 |
| 2024 年 1 月 25 日 | 第 6 刷 |

編　集　（一社）日本家政学会
　　　　生 活 経 営 学 部 会

発行者　朝　倉　誠　造

発行所　株式会社　朝　倉　書　店

東京都新宿区新小川町 6-29
郵 便 番 号　　162-8707
電　話　03(3260)0141
ＦＡＸ　03(3260)0180
https://www.asakura.co.jp

〈検印省略〉

© 2020 〈無断複写・転載を禁ず〉　　　Printed in Korea

ISBN 978-4-254-60025-4　C 3077

子ども総研 平山宗宏・大正大 中村　敬・
子ども総研 川井　尚編

# 育　児　の　事　典

65006-8 C3577　　　　A 5 判 528頁 本体15000円

医学的な側面からだけではなく，心理的・社会的側面，また文化的側面など多様な観点から「育児」をとらえ解説した事典。小児科医師，看護師，保健福祉の従事者，児童学科の学生など，さまざまなかたちで育児に携わる人々を広く対象とする。家庭医学書とは異なり，より専門的な知識・情報を提供することが目的である。〔内容〕少子化社会の中の育児／子どもの成長と発達／父子関係／子どもの病気／育児支援／子どものしつけ／外国の育児／子どもと社会病理／虐待とその対策／他

---

牛腸ヒロミ・布施谷節子・佐々井啓・増子富美・
平田耕造・石原久代・藤田雅夫・長山芳子編

# 被　服　学　事　典

62015-3 C3577　　　　B 5 判 504頁 本体18000円

少子高齢社会，国際化が進展する中，被服学について身体と衣服との関係から，生産・流通・消費まで最新の知見を入れながら丁寧に解説。〔内容〕人間の身体と衣服の成り立ち；人体形態，皮膚の構造と機能，人体生理，服装の機能，服装の歴史／生産；被服材料，染色加工，デザイン，被服の設計・製作・構成方法，生産管理／流通；ファッション産業，消費者行動と心理，企業と商品，販売／消費；被服材料の消費性能，衣服の構成と着装・機能と着衣・管理，衣生活と環境／他

---

前奈良女大 梁瀬度子・和洋女大 中島明子他編

# 住　ま　い　の　事　典

63003-9 C3577　　　　B 5 判 632頁 本体22000円

住居を単に建築というハード面からのみとらえずに，居住というソフト面に至るまで幅広く解説。巻末には主要な住居関連資格・職種を掲載。〔内容〕住まいの変遷／住文化／住様式／住居計画／室内環境／住まいの設備環境／インテリアデザイン／住居管理／住居の安全防災計画／エクステリアデザインと町並み景観／コミュニティー／子どもと住環境／高齢者・障害者と住まい／住居経済・住宅問題／環境保全・エコロジー／住宅と消費者問題／住宅関連法規／住教育

---

日本災害情報学会編

# 災　害　情　報　学　事　典

16064-2 C3544　　　　A 5 判 408頁 本体8500円

災害情報学の基礎知識を見開き形式で解説。災害の備えや事後の対応・ケアに役立つ情報も網羅。行政・メディア・企業等の防災担当者必携〔内容〕[第1部：災害時の情報]地震・津波・噴火／気象災害[第2部：メディア]マスコミ／住民用メディア／行政用メディア[第3部：行政]行政対応の基本／緊急時対応／復旧・復興／被害軽減／事前教育[第4部：災害心理]避難の心理／コミュニケーションの心理／心身のケア[第5部：大規模事故・緊急事態]事故災害等／[第6部：企業と防災]

---

山﨑昌廣・坂本和義・関　邦博編

# 人間の許容限界事典 （新装版）

10273-4 C3540　　　　B 5 判 1032頁 本体29000円

人間の能力の限界について，生理学，心理学，運動学，生物学，物理学，化学，栄養学の7分野より図表を多用し解説(約140項目)。〔内容〕視覚／聴覚／骨／筋／体液／睡眠／時間知覚／識別／記憶／学習／ストレス／体罰／やる気／歩行／走行／潜水／バランス能力／寿命／疫病／体脂肪／進化／低圧／高圧／振動／風／紫外線／電磁波／居住スペース／照明／環境ホルモン／酸素／不活性ガス／大気汚染／喫煙／地球温暖化／ビタミン／アルコール／必須アミノ酸／ダイエット／他

## 生物多様性と地球の未来
——6度目の大量絶滅へ？——

兵庫県大 太田英利監訳　池田比佐子訳

17165-5 C3045　　　　　　B5判 192頁 本体3400円

生物多様性の起源や生態系の特性，人間との関わりや環境等の問題点を多数のカラー写真や図を交えて解説。生物多様性と人間／生命史／進化の地図／種とは何か／遺伝子／貴重な景観／都市の自然／大量絶滅／海洋資源／気候変動／浸入生物

## 生物多様性概論
——自然のしくみと社会のとりくみ——

東大 宮下　直・東大 瀧本　岳・東大 鈴木　牧・東大 佐野光彦著

17164-8 C3045　　　　　　A5判 192頁 本体2800円

生物多様性の基礎理論から，森林，沿岸，里山の生態系の保全，社会的側面を学ぶ入門書。〔内容〕生物多様性とは何か／生物の進化プロセスとその保全／森林生態系の機能と保全／沿岸生態系とその保全／里山と生物多様性／生物多様性と社会

## 国際貢献とSDGsの実現
——持続可能な開発のフィールド——

東洋大学国際共生社会研究センター監修

18055-8 C3040　　　　　　A5判 180頁 本体2800円

SDGsをふまえた国際貢献・国際開発を，実際のフィールドでの取り組みから解説する．〔内容〕SDGs実現への課題と枠組／脱貧困／高等教育／ICT／人材育成／社会保障／障害者支援／コミュニティ／水道／クリーンエネルギー／都市化

## サステイナビリティ
——地球と人類の課題——

日大 矢ケ﨑典隆・日大 森島　済・名大 横山　智編
シリーズ〈地誌トピックス〉3

16883-9 C3325　　　　　　B5判 152頁 本体3200円

地理学基礎シリーズ，世界地誌シリーズに続く，初級から中級向けの地理学シリーズ。第3巻はサステイナビリティをテーマに課題を読み解く。地球温暖化，環境，水資源，食料，民族と文化，格差と貧困，人口などの問題に対する知見を養う。

## 社会学入門
——社会をモデルでよむ——

数理社会学会監修　小林　盾・金井雅之・佐藤嘉倫・内藤　準・浜田　宏・武藤正義編

50020-2 C3036　　　　　　A5判 168頁 本体2200円

社会学のモデルと概念を社会学の分野ごとに紹介する入門書。「家族：なぜ結婚するのか—人的資本」など，社会学の具体的な問題をモデルと概念で読み解きながら基礎を学ぶ。社会学の歴史を知るためのコラムも充実。

## 社会・政策の 統計の見方と活用
——データによる問題解決——

同志社大 久保真人編

50021-9 C3033　　　　　　A5判 224頁 本体3200円

統計データの整理や図表の見方から分析まで，その扱い方を解説。具体事例に基づいて問題発見から対策・解決の考え方まで学ぶ。〔内容〕1部：データを読む・使う／2部：データから探る／3部：データで証明する／4部：データから考える

## アレルゲン害虫のはなし
——アレルギーを引き起こす虫たち——

エフシージー総研 川上裕司編

64049-6 C3077　　　　　　A5判 160頁 本体3000円

近代の都市環境・住宅環境で発生し，アレルゲンとして問題となる，アレルゲンとなりうる害虫を丁寧に解説。習性別に害虫を学ぶ入門書。〔内容〕室内で発生／室内へ侵入／建材・家具などから発生／紙・食品・衣類を加害する／対策法

## 蚊のはなし
——病気との関わり——

前富山大 上村　清編

64046-5 C3077　　　　　　A5判 160頁 本体2800円

古来から痒みで人間を悩ませ，時には恐ろしい病気を媒介することもある蚊。本書ではその蚊について，専門家が多方面から解説する。〔内容〕蚊とは／蚊の生態／身近にいる蚊の見分け方／病気をうつす蚊／蚊の防ぎ方／退治法／調査法／他

## ダニのはなし
——人間との関わり——

法大 島野智之・北教大 髙久　元編

64043-4 C3077　　　　　　A5判 192頁 本体3000円

人間生活の周辺に常にいるにもかかわらず，多くの人が正しい知識を持たないままに暮らしているダニ。本書はダニにかかわる多方面の専門家が，正しい情報や知識をわかりやすく，かつある程度網羅的に解説したダニの入門書である。

## カビのはなし
——ミクロな隣人のサイエンス——

カビ相談センター監修　カビ相談センター 髙鳥浩介・前大阪府公衆衛生研 久米田裕子編

64042-7 C3077　　　　　　A5判 164頁 本体2800円

生活環境（衣食住）におけるカビの環境被害・健康被害等について，正確な知識を得られるよう平易に解説した，第一人者による初のカビの専門書。〔内容〕食・住・衣のカビ／被害（もの・環境・健康への害）／防ぐ／有用なカビ／共生／コラム

日本家政学会生活経営学部会編

# 暮らしをつくりかえる 生活経営力

60020-9 C3077　　　　　A 5 判 184頁 本体2800円

「生活経営」によっていかに社会問題を解決できるかを，事例を通しつつ今後のあり方を提言。〔目次〕生活枠組みの変容と新たな生活経営主体の形成／生活の社会化の進展と生活資源のコンロトール／参加と協働で創る生活経営の組織／他

---

ADB研究所 吉野直行監修　家政学院大 上村協子・横市大 藤野次雄・埼大 重川純子編

# 生活者の金融リテラシー
—ライフプランとマネーマネジメント—

50031-8 C3033　　　　　A 5 判 192頁 本体2700円

生活者の視点で金融リテラシーを身につけることで，経済社会での自分の立ち位置を意識し，意識的な選択行動ができるようになる。〔内容〕生活と金融／稼ぐ・使う／生活設計／貯める・遺す／借りる／リスク管理／ふやす／相談する

---

椙山女大 橋本令子・椙山女大 石原久代編著

# 生 活 の 色 彩 学
—快適な暮らしを求めて—

60024-7 C3077　　　　　B 5 判 132頁 本体2800円

家政学，生活科学の学生のための色彩学の入門テキスト。被服を中心に，住居，食など生活の色全般を扱う。オールカラー。〔内容〕生活と色／光／生理／測定／表示／調和と配色／心理／色材／文化／生活における色彩計画／付表：慣用色名

---

佐々井啓・篠原聡子・飯田文子編著
シリーズ〈生活科学〉

# 生 活 文 化 論
（訂正版）

60591-4 C3377　　　　　A 5 判 192頁 本体2800円

生活に根差した文化を，時代ごとに衣食住の各視点から事例を中心に記述した新しいテキスト。〔内容〕生活文化とは／民族／貴族の生活（平安）／武家（室町・安土桃山）／市民（江戸）／ヨーロッパ／アメリカ／明治／大正／昭和／21世紀／他

---

前お茶大大 富田　守・共立女短大 松岡明子編

# 家 政 学 原 論
—生活総合科学へのアプローチ—

60016-2 C3077　　　　　A 5 判 192頁 本体2900円

家政学すべての領域の学生に必要な共通概念を形成するための基礎となる最新のテキスト。〔内容〕家政学とはどういう学問か／日本の家政学のあゆみ／総合科学・実践科学としての家政学／世界の家政学／家庭・家政を考える／社会と家政学

---

東大 秋田喜代美監修　東大 遠藤利彦・東大 渡辺はま・東大 多賀厳太郎編著

# 乳 幼 児 の 発 達 と 保 育
—食べる・眠る・遊ぶ・繋がる—

65008-2 C3077　　　　　A 5 判 232頁 本体3400円

東京大学発達保育実践政策学センターの知見や成果を盛り込む。「眠る」「食べる」「遊ぶ」といった3つの基本的な活動を「繋げる」ことで，乳幼児を保育学，発達科学，脳神経科学，政治経済学，医学などの観点から科学的にとらえる。

---

青学大 高櫻綾子編著

# 子どもが育つ遊びと学び
—保幼小の連携・接続の指導計画から実践まで—

65007-5 C3077　　　　　A 5 判 148頁 本体2500円

子どもの長期的な発達・成長のプロセスを支える〈保幼小の連携・接続〉の理論とカリキュラムを解説する。〔内容〕保育所，幼稚園（3歳未満児および3歳以上児），認定こども園／小学校（低中高学年）／特別支援学校／学童保育／他

---

北村薫子・牧野 唯・梶木典子・斎藤功子・宮川博恵・藤居由香・大谷由紀子・中村久美著

# 住 ま い の デ ザ イ ン

63005-3 C3077　　　　　B 5 判 120頁 本体2300円

住居学，住生活学，住環境学，インテリア計画など住居系学科で扱う範囲を概説。〔内容〕環境／ライフスタイル／地域生活／災害／住まいの形／集合住宅／人間工学／福祉／設計と表現／住生活の管理／安全と健康／快適性／色彩計画／材料

---

福岡県大 松浦賢治・東大 小林廉毅・杏林大 苅田香苗編

# コンパクト 公衆衛生学 （第6版）

64047-2 C3077　　　　　B 5 判 148頁 本体2900円

好評の第5版を改訂。公衆衛生学の要点を簡潔に解説。〔内容〕公衆衛生の課題／人口問題／疫学／環境と健康／栄養と健康／感染症／健康教育／母子保健／学校保健／産業保健／精神保健福祉／成人保健／災害と健康／地域保健／国際保健／他

---

豊橋技科大 後藤尚弘・相模女大 九里徳泰編著

# 基礎から学ぶ 環 境 学

18040-4 C3040　　　　　A 5 判 240頁 本体2800円

大学で初めて環境を学ぶ学生（文系＋理系）向けの教科書。高校までに学んだ知識を体系化。各章に基礎的内容（生物多様性や化学物質など理学的な基礎，政策・法律など人文社会面）を盛り込み，社会に出てからも役立つものとする。

上記価格（税別）は 2023 年12月現在